# 공공기관
# 경영평가 워크북

# 공공기관 경영평가 워크북

**발 행 일**  2023년  7월 27일 초판 1쇄 발행
2023년 10월 23일 초판 2쇄 발행
**지 은 이**  신수행
**기획·감수**  한국표준협회
**발 행 인**  김병석
**편     집**  노지호
**발 행 처**  한국표준협회미디어
**출판등록**  2004년 12월 23일(제2009-26호)
**주     소**  서울시 강남구 테헤란로 69길 5, 3층(삼성동)
**전     화**  02-6240-4891
**팩     스**  02-6240-4949
**홈페이지**  www.ksam.co.kr

## KSAM 출판자문위원회

이석연  법무법인 서울 대표변호사, 헌법학자(前 법제처장)
이유재  서울대학교 경영대학 석좌교수
신완선  성균관대학교 시스템경영공학부 교수
표현명  한국타이어앤테크놀로지 사외이사(前 KT, 롯데렌탈 대표이사 사장)
배경록  前 씨네21 대표
한경준  前 한국경제신문 한경BP 대표이사
강명수  한국표준협회 회장(당연직)

ISBN 979-11-6010-065-5 13320
**정가 18,500원**

# 공공기관 경영평가 워크북

신수행 지음 | **한국표준협회** 기획·감수

**KSAM**

# CONTENTS

## CHAPTER 4   평가등급을 향상시키는 Top 9 Point

2018년 9월 어느 날, 평가부장을 맡은 지 약 3개월이 되는 즈음 사장님 긴급호출을 받았다. 왜 부르실까?

보직발령 후 직접 찾으신 적이 없었는데! 긴장된 마음으로 올라간 사장실에서 직장생활 처음이자 평가부장 보직 후 처음으로 사장님께 최악의 꾸지람을 듣게 된다.

"당신 안 그래도 내가 벼르고 있었어! 당신 대체 뭐하는 사람이야! 평가부장 맡고 나한테 몇 번이나 보고해봤어? 평가준비는 제대로 하고 있는 거야? 이래 가지고 금년도 평가 제대로 받겠다는 거야? 일하기 싫으면 그만둬! 당장 자리 바꿔줄 테니! 하려면 제대로 하고, 자신 없으면 솔직히 말해!"

나중에 알게 된 사실이지만 그날 사장님이 크게 노한 이유는 전날 같은 혁신도시에 위치한 공기업 기관장님과 식사를 했는데,

그 자리에서 "우리는 금년도 경영평가에서 'A등급' 받는 것을 지상과제로 삼아 전 직원이 혼신의 노력을 다하고 있다"는 자랑을 들으셨다고 한다. 동일 평가군인 옆 기관은 저렇게 열심히 뛰는데 우리 기관은 어떻게 준비를 하는지 보고도 없고 열심히 뛰는 모습도 안 보이니 사장님은 단단히 화가 난 것이다. 그래서 출근하자마자 평가부장을 긴급 호출하여 30분 동안 엄청나게 깬 것이다.

그런데 신기하게 한번 깨지고 나니 마음이 후련해졌다. 사실 그동안 사안별로 어떤 선까지 어떻게 보고할지 체계가 정립되지 않은 혼란스러운 상황이었기 때문이다. 깨지고 나서는 평가준비 과정을 경중완급으로 사장님께 직접 보고하게 되었다. 큰 꾸지람을 들은 후에야 평가부장이 할 일과 방법을 찾은 것이다. 또한 평가부장이 깨졌다는 소문은 사장님이 직접 경영평가를 챙기는 것으로 전파되어 평가부장 책임 하에 모든 것을 주도할 수 있는 명분이 되었다.

이후 3년 동안 평가부장으로 동분서주했다. 초보자로서 수많은 평가전문가를 만나 배우며 느끼고, 직접 실천해보며 경영평가가 무엇인지 알아가는 과정도 좋았다. 무엇보다 자칭 최고라고 생각하는 여러 전문가들이 생각하는 경영평가의 CSF(핵심성공요인)를 듣고, 이를 나만의 노하우로 만들어갈 수 있어서 좋았다. 그런 노하우를 직접 실천해가는 소중한 경험 속에서 당시 유사환경에 놓여 있던 타 기관에 비해 우리 기관이 상대적으로 우수한 평가등급을 얻는 성과도 거둘 수 있었다. 그리고 3년이 지난 후 사장님께서는 "처장승진"이라는 최고의 선물도 주셨다. 경영평가는 내 인생에서 크나큰 위기였지만 기회도 되었다. 이제 후임부장에게 업무를 인계하고 떠날 시점이 되었다. 후임부장이 연속해서 좋은 평가를 이어가도록 나의 노하우를 모두 전달해 주고 싶었다. 하지만 내가 가지고 있던 14페이지 분량의 '경영평가 대응 계획서'로는 내 머릿속 노하우까지 전달하기 어려웠다.

그래서 수년간 평가부장으로 재직하며 배운 지식과 경험을 정리하기 시작했다. 경영평가 실무자들이 쉽게 이해하고 배우며 실천해갈 수 있는 책을 만들고 싶었다. 특히 지금 이 순간에도 경영평가라는 큰 벽을 넘기 위해 고민하는 여러 공공기관의 실무자에게 도움을 주고 싶었다. 이러한 나의 순수한 의도는 세상 어디에도 없던 경영평가 워크북을 만들어냈다.

2018년 6월 평가부장 보직명령을 받았다. 전임자에게 받은 업무인계인수는 간단한 추진내용과 일정 정도였다. 이 막중한 일을 어떻게 헤쳐 나갈지 막막했다. 그래서 참고할 수 있는 관련 도서를 찾았다. 시중에 나와 있는 도서는 경영평가 편람해설서나 경영실적보고서 작성방법을 다룬 아주 소수의 책뿐이었다. 기관 경영평가를 진두지휘할 사람에게 필요한 지식과 대응에 도움 줄만한 책은 보이지 않았다. 기댈 곳 없는 매우 난감한 상황이었다.

평가부장 첫해, 1년간의 경영평가 준비 로드맵을 수립하는데 직원에게 보고 받은 계획서는 고작 2페이지에 불과했다. 개략적인 월별 일정과 미약한 추진내용 정도다. 당시 우리기관은 공공기관 지정 후 얼마 되지 않은 상태로 체계적인 대응계획이 없는 상황이었다. 사장님께 혼쭐이 난 상황이라 잘해야겠다는 생각은 있는데 아는 것도 없고 경영평가를 이해하기도 쉽지 않았다. 그 때부터 경영평가와 관련 있는 교수와 컨설턴트를 만나 어떻게 준비하고 대응해야 하는지 발로 뛰며 배웠다. 배운 내용을 하나하나 계획에 반영하다 보니 2년째는 10페이지, 그리고 3년째는 14페이지 계획서가 만들어졌다. 매년 7월부터 익년도 6월 결과발표까지 준비와 대응에 필요한 모든 활동이 포함된 구체적인 경영평가 대응계획서로 만들었다. 계획서를 확정한 후에 편람개정, 환경변화, 사회이슈를 고려해 계획을 수정해가는 방식으로 평가에 대응했다. 이러한 연간계획서를 토대로 공공기관 실무자가 경영평가를 준비하고 대응하는 데 필요한 세부적인 활동과 내용을 정리하여 워크북으로 만들었다.

이 책이 모든 공공기관 실무자에게 필요한 것은 아니다. 매년 A등급 이상을 받고 있는 규모가 크고 우수한 경영시스템을 가진 기관실무자가 보기에는 다소 민망할 수도 있다. 제시되는 내용보다 훌륭한 대응체계를 갖고 있을 수 있기 때문이다. 다만, 매년 경영평가를 받아야만 하는 숙명을 지닌 공공기관이 내년에 더 좋은 결과를 얻을 수 있는 변화가 필요하거나, 더 계획적이고 체계적인 평가대응시스템을 만들기 원하는 기관에게 필요한 책이다. 특히 다음과 같은 환경에 처해 있는 기관 실무자라면 반드시 이 책을 정독해주길 권장한다.

첫째, 정부와 지자체 등으로부터 새롭게 공공기관에 지정되어 경영평가를 받아야 하는 기관으로, 새롭게 경영평가 대응 시스템을 갖추어야 하는 경우에 도움이 될 것이다.

둘째, 경영평가를 받아온 기간이 짧은 기관으로, 현재 가지고 있는 경영평가 대응 시스템을 한 단계 업그레이드시키고 싶은 경우에 도움이 될 것이다.

셋째, 경영평가에서 매년 저조한 평가등급을 받아 실망하고 있는 기관으로, 우수등급 기관의 평가 대응 시스템을 벤치마킹하고 싶은 경우에 도움이 될 것이다.

넷째, 공공기관 특성상 평가대응 실무자는 매년 인사이동으로 변동한다. 교체되는 실무자가 경영평가 전반을 빠른 시간 내에 학습하고 이해하는 데 도움이 될 것이다.

이 책이 나오기까지 경영평가에 대한 경험과 지식을 쌓을 수 있도록 평가부장 중책을 맡기고 정신 바싹 차리게 혼내 주신 박성철 사장님과 공공기관 동반성장에 대한 막중한 책임을 주며 경영평가 전문성을 키울 수 있도록 기회를 주신 김장현 사장님, 용기를 내서 책을 써보겠다고 목차를 잡아 상의드렸을 때 좋은 아이디어라고 격려와 조언을 아끼지 않으신 신완선 교수님, 초고를 만들기는 했는데 어떻게 출판해야 할지 막막할 때 그 길을 알려주신 우윤석 교수님께 깊은 감사의 말씀 드리고 싶다. 그리고 평가부장 시절부터 함께 부서원으로 동고동락하며 뒷받침해주고 책 내용을 감수해준 임현수, 김수연 님과 마지막 책 출간을 앞두고 함께 고민하며 길을 찾아준 한국표준협회 이상환, 권성식 센터장님께도 깊이 감사드린다.

사랑한단 말도 제대로 못한 것을 후회하는 아들이 어머니께 이 책을 바칩니다.

楚安 辛秀行

40년. 어느덧 경영평가제도가 도입된 지 40년이 지났습니다. 이제 자부심을 가질만한 글로벌 베스트프랙티스가 되었으며 많은 나라에 전파되어야 할 대한민국의 자산입니다.

그럼에도 불구하고, 경영평가의 노하우를 소개하는 자료는 매우 부족합니다. 평가라는 무거운 짐에 대해서 거침없이 개인의 주장을 드러내는데 주저해왔기 때문입니다. 평가제도의 방향성과 이에 대한 대응방안을 쉽게 설명하는 책조차 없는 상황입니다. 우리나라의 공공기관이 왜, 무엇을, 그리고 어떻게 경영실적을 거두고 있는지를 알릴 필요가 있습니다. 공공기관이 얼마나 치열하게 실적을 관리하는지를 건설적 관점에서 공유해야 합니다.

〈공공기관 경영평가 워크북〉은 경영평가를 위해서 현업에서 무엇을 어떻게 준비해야 하고, 경영진 또한 어떤 주문을 해야 하는지를 다루고 있습니다. 형식은 준비를 위한 책이지만, 실상 내용은 얼마나 치밀하게 업무 분석과 실적 관리가 이루어지는지를 상세히 설명하고 있습니다.

　이 책은 공공기관 구성원을 타깃으로 썼지만, 저는 오히려 평가위원들에게 일독을 추천하고 싶습니다. 왜냐하면, 현장의 실적 확보 과정에서의 애로와 난이도를 정확하게 이해하는 것이 미래 지향 평가의 출발점이기 때문입니다.

　현재 우리나라는 공기업, 준정부기관, 기타공공기관, 지방공기업, 지자체 산하기관을 포함하여 다양한 조직들이 소위 경영평가라는 프레임 하에서 더욱 발전하는 국가를 만들기 위해서 매진하고 있습니다. 대한민국이 혁신적인 이유는 정부 정책을 실행하는 주체인 공공기관이 오랜 기간 이 제도를 발전시켜왔다는 사실로 대변될 수 있습니다. 매년 업무 결과를 전문적이고 객관적인 시각에서 검토 받고 개선 방안을 찾아내는 수고를 마다하지 않았습니다. 까다로운 피드백 체계를 유지하는 자체가 경쟁력의 본질인 것입니다.

　경영평가는 일종의 소통입니다. 정부는 지표를 통해서 어떤 방향으로 가야 하는가를 사전에 공유하고, 공공기관은 평가보고서를 통해서 어떤 노력과 실적을 거두었는가를 제시합니다. 평가단은 각 분야의 전문가를 투입하여 객관적 시각에서 그 실적을 평가하는 한편, 현재 시점에서 국민의 기대에 얼마나 충족하고 있는가를 피드백 합니다. 공공기관의 주요 이해관계자가 동참하여 국가의 종합적인 발전을 위해 지혜를 모으는 소통의 장인 셈입니다. 이 책은 그러한 소통의 과정에 무엇이 필요하며 어떻게 긍정적인 가치로 전환되는지를 다양한 사례를 통해서 설명하고 있습니다.

저자인 신수행 박사님은 열정적인 경영자인 동시에 진정성 높은 연구자입니다. 경영평가 실무를 하면서 조직인사 분야에서 박사학위를 취득할 정도로 전문성을 중시하였습니다. 이론과 실무에서 모두 탁월한 역량을 갖춘 경영평가 최고의 전문가입니다. 이 책은 좁게는 경영평가제도에 잘 대응하는 방법을 다루지만, 크게 보면 조직의 모든 구성원이 성과관리를 어떻게 해야 하는가를 소개합니다. 업무를 수행하는데 있어 최선을 다하는 것도 물론 중요하지만, 더욱 중요한 점은 내가 맡은 업무가 어떻게 국민에게 소통될 것인가를 인지하는 것입니다. 이 책의 정독을 통해서 일상 업무의 가치를 깨닫게 되기를 기원합니다.

신완선 前 공기업경영평가단장 올림

# 경영평가 본질을 보면 쉬워진다

# 1 경영평가는 왜 하는가?

경영평가는 정부가 매년 공공기관의 경영노력과 성과를 공정하고 객관적으로 평가하는 제도다. 정부는 경영평가를 통해 공공기관의 공공성과 경영효율성을 높이고, 경영개선에 대한 전문 컨설팅을 제공하여 대국민 서비스를 보다 개선하는 것을 목적에 둔다. 공공기관에게 경영에 대한 자율성을 부여한 후 성과평가를 통해 경영책임을 묻는 방식이다. 평가결과는 기관장 임기와 임직원 성과급에 연동된다. 기관성과에 따라 채찍과 당근을 주는 경영평가는 1984년도부터 시작하여 오랜 기간 대한민국 산업과 경제발전에 기여해오고 있다.

초기 공공기관 평가는 정부산하기관 평가와 분리해 운영해왔으나 2008년 이후 통합하여 실시되고 있다. 현재의 경영평가체계

**〈표1-1〉 경영평가 대상기관 수 변천(통합실시 이후)** (단위: 기관 수)

| 연도별 | '08 | '09 | '10 | '11 | '12 | '13 | '14 | '15 | '16 | '17 | '18 | '19 | '20 | '21 | '22 |
|---|---|---|---|---|---|---|---|---|---|---|---|---|---|---|---|
| 공기업 | 23 | 23 | 21 | 27 | 28 | 30 | 30 | 30 | 30 | 35 | 35 | 36 | 36 | 36 | 36 |
| 준정부기관 | 33 | 33 | 34 | 35 | 32 | 32 | 31 | 31 | 32 | 48 | 50 | 50 | 54 | 57 | 57 |
| 강소형기관 | 40 | 40 | 45 | 47 | 51 | 55 | 55 | 55 | 57 | 40 | 43 | 43 | 41 | 37 | 37 |
| 합계 | 96 | 96 | 100 | 110 | 111 | 117 | 116 | 116 | 119 | 123 | 128 | 129 | 131 | 130 | 130 |

(출처: e-나라지표)

로 개편된 것은 2007년도 '공공기관의 운영에 관한 법률(이하 공운법)'이 제정되면서부터다. 국민 기대에 부응하는 공공기관으로서 역할을 제대로 이행하고 있는지 판단하는 정책수단으로 경영평가제도는 약 40년간 이어지고 있다. 2022년도 경영평가편람 기준으로 약 130개 공공기관이 평가대상에 포함된다.

경영평가를 왜 하는지 알아보기 위해 본질적인 질문 두 가지를 던져본다.

먼저 한국사회는 경영평가를 어떠한 시각에서 바라보고 있는가?

경영평가의 직접적인 이해관계자로 평가주체인 정부, 평가받는 공공기관, 그리고 공공서비스 수혜자인 국민시각에서 살펴보았다.

정부는 새롭게 출범한 신정부가 추구하는 국정철학을 공공기관이 선도적으로 이행해주길 바란다. 또한 공공영역이 가진 비효율을 스스로 개선해나가도록 관리하고 통제도 해야 한다. 이를 이행하는 정책수단으로 경영평가는 반드시 필요하다는 게 정부의 입장이다.

공공기관은 평가를 잘 받기 위해 매년 새로운 성과를 만들어내야 하는 부담이 일상화되어 있다. 경영평가는 기관의 대표성을 지니고 있어 명예가 걸려있을 뿐 아니라, 서열화되는 경영평가 특성상 성과급 차등의 불만으로 이어질 수 있기 때문에 어려움이 있는 것은 사실이다. 하지만 기관 간 선의의 경쟁을 펼치며 전체적인 공공기관 경영시스템이 향상되어 대국민 서비스의 개선으로 이어지기 때문에 긍정적 역할을 한다는 점에서 그 필요성을 인정할 수밖에 없다.

국민입장에서 공공기관은 철밥통, 고임금, 정년보장 등 편안하고 안정된 생활이 보장된 신의 직장으로 인식한다. 특히 경영평가 성과급으로 민간보다 과도한 보상을 챙기고 국민 세금으로 배만 불린다는 부정적 시각도 있다. 하지만 공공영역은 국민편익과 안전을 최우선으로 생각해야 하며, 사익을 추구하는 민간기업이 공공기관의 대체재가 될 수 없다고 생각한다. 다만, 공적인 역할이 제대로 이행되는지 견제하는 제도로 경영평가가 필요하다는 입장이다.

이와 같이 경영평가가 존재해야 하는 이유는 각각의 입장에 따라 다르지만 필요성은 모두 공감하고 있다. 또한 한국사회가 기대하는 경영평가 시각은 공공기관이 공공성과 효율성을 높여 국민편익과 안전을 위해 부단히 노력하도록 채찍질하는 역할임을 알 수 있다.

다음으로 경영평가는 과연 한국경제와 사회발전에 기여하고 있는가?

연구보고서[1]와 다양한 자료를 참조해서 질문에 대한 답을 찾

---

1) 경영평가제도 쟁점 및 개선방안, 노동연구원, 2021.

아보았다.

경영평가의 순기능적 측면인 목적대로 국가발전에 기여하고 있다는 주장으로 그 이유는 다음과 같다.

첫째, 경영평가는 정부정책과 공공기관 주요사업이 연계되도록 함으로써, 공공기관의 공적책임과 역할을 강화하여 기관의 고유 설립목적 달성을 통해 국가 경제발전에 기여한다.

둘째, 사업수행에 대한 외부평가를 통해 반성의 기회를 제공함으로써 공공기관의 주요사업 성과개선에 기여한다. 즉 내부 성과평가가 갖는 한계점이 극복되도록 외부 경영평가를 통해 기관 스스로 사업성과를 개선해나가도록 채찍질하는 역할을 한다.

셋째, 경영평가에서 공공기관의 목적사업에 대한 성과지표를 구체화함으로써, 공공기관이 설립목적 달성에 부합하는 역할을 하는지 국민 눈높이에서 이해되도록 도움을 준다. 즉, 공공이익에 대한 구체적인 성과지표 달성수준을 평가함으로써 사회에 기여한다.

반대로 경영평가제도의 유효성에 문제가 있다는 주장도 있으며 그 이유는 다음과 같다.

첫째, 서로 성격이 상이한 공공기관에 획일화된 경영평가를 하다 보니, 개별기관에 대해 정확한 성과측정이 어렵다. 성과지표 획일화는 공공기관 자율성 증진에도 역행한다.

둘째, 평가위원 전문성과 객관성이 안정적으로 담보되지 않아서 공공기관 경영개선에 실질적 도움이 되지 않는다. 즉, 공공기관에 필요한 컨설팅 기능이 제대로 작동되지 않는다.

셋째, 매년 평가받는 방식이 공공기관의 중장기계획수립과 사업수행에 부정적 영향을 미친다. 공공기관이 단기 성과관리에 매몰되도록 유도한다.

이상에서 경영평가에 대한 순기능과 역기능 주장을 통해 경영평가의 효과성과 우려되는 부분을 함께 살펴보았다. 경영평가가 현재보다 발전적인 역할을 하기 위해 강화하고 보완해야할 부분에 대한 시사점도 찾을 수 있다. 지난 40년 동안 경영평가는 많은 제도개선을 통해 한국경제 발전에 기여해오고 있다. UN-DP(유엔개발계획)의 Bennett박사(1994)가 공기업평가제도가 가장 성공적으로 운영되고 있는 나라가 대한민국이라고 극찬한 바 있듯이, 한국의 경영평가제도는 국내외에서 성공적인 모델로 평가받는다. 국내는 지방공기업, 정부부처산하기관 등의 경영평가에 원용되어 공공기관 성과평가모형으로 발전했고, 아시아, 중남미 등 해외에서도 공기업평가모델로 벤치마킹된 사례가 있다.

공공서비스 수혜자인 국민은 국민편익과 안전이 최우선되는 정부의 공공정책을 기대한다. 공적영역에 사익을 추구하는 민간기업 시각의 경제성과 효율성만 따져서는 안 된다. 공적영역에는 공공기관이 공공이익을 위한 역할을 충실히 수행해줘야 한다. 공공기관이 이러한 일들을 제대로 이행하는지를 감시하는 것이 경영평가다. 정기적인 평가와 환류과정을 통해 국민과 국가발전을 위해 더 노력하며 경영실적을 개선해가도록 하는 것이 경영평가의 본질이다. 앞으로도 경영평가는 공공기관이 목적사업에서 공공성과 효율성을 높이도록 유도함으로써 국가경제와 국민편익에 기여하도록 발전되어나가야 할 것이다.

## 2  경영평가는 시대를 반영한다

공공기관 경영평가는 1983년 12월 31일 정부투자기관예산회계법과 정부투자기관관리기본법이 제정되면서 매년 실시하는 것으로 의무화되었다. 1984년 3월에서 6월에 실시한 1983년도 기준 경영평가가 최초의 정부투자기관 경영평가에 해당한다. 정부투자기관경영평가는 1998년 공기업 경영평가제도로 개편되어 2007년까지 계속되었다. 준정부기관 경영평가는 2004년 정부산하기관 경영평가로 도입되었다. 이후 2007년 4월 공운법 제정과 함께 '공기업과 준정부기관 경영평가'로 통합되어 현재에 이르고 있다.

공공기관 경영평가는 약 40년 세월을 지나오며 평가체계나 방식, 내용에서 많은 변화가 있었다. 특히 새로운 정부 출범시기에는 신정부 국정철학을 담은 국정과제가 경영평가에 반영되었다. 정부가 국정과제를 평가지표로 반영하는 것은 공공기관이 정부 핵심정책을 앞장서 이행해주기를 기대하는 것이다. 김대중 정부 시절인 1998년도부터 현재에 이르기까지 경영평가는 매년 평가지표가 신설되고 폐지되는 방식으로 수정되고 보완되어 왔다. 특히 정권교체 시기에는 평가체계 차원에서 큰 변화가 발생하면서, 경영평가 신설지표로 국정과제를 반영하다 보니 관련지표 점유율이 90%를 넘어서는 상황이 자주 나타나곤 했다(〈표1-2〉 참고). 이와 같이 국정과제를 평가지표로 반영하는 것이 공공기관 역할이나 평가목적의 취지를 감안하면 부적절하거나 문제소지가 있다는 우려도 있다.

〈표1-2〉역대정권 국정과제의 공기업 경영평가 지표화 현황(1998~2020)

| 구분 | 김대중 정부 | 노무현 정부 | 이명박 정부 | 박근혜 정부 | 문재인 정부 | 합계 |
|---|---|---|---|---|---|---|
| 신설 평가지표 수 | 12개 | 15개 | 29개 | 15개 | 9개 | 80개 |
| 국정과제 관련 평가지표 수 | 12개 | 11개 | 27개 | 14개 | 8개 | 72개 |
| 신설 지표 대비 국정과제 관련지표 비율 | 100% | 73% | 93% | 93% | 88.9% | 90% |

(출처: 김준현[2])

　정치와 사회가 변화하는 시대흐름에 따라 공공기관 경영평가가 어떻게 변화되었는지를 살펴보기 위해 2010년도 이후 현재까지 진행된 경영평가 특징을 〈표1-3〉에 정리하였다. 정부가 세 차례 바뀌는 지난 12년간의 경영평가 결과를 분석하는 과정에서 특징적으로 나타나는 몇 가지 눈에 띄는 시사점을 찾을 수 있었다.

　첫째, 평가결과 등급분포에 '예년과 비슷한 수준'이라는 표현이 12년 동안 빈번하게 나타난다. 상대평가라는 경영평가 특성상 매

---

2) 김준현(2022). 공공기관 경영평가지표의 안정성 분석(국정과제의 평가지표 영향력을 중심으로)

년 등급분포가 조절되고 있음을 의미한다.

둘째, 정권출범 첫해 평가는 매번 등급분포가 하락하는 특징을 보인다. 이는 첫해 박(博)하게 평가하고 이후에 정부정책을 잘 이행하면 후(厚)하게 주는 전략적 포석일 수 있다.

셋째, 기재부 경영평가에서 탁월(S) 등급은 거의 평가되지 않았다. 과거 12년 동안 단 2회(2011년, 2021년)만 존재했다. 탁월(S) 등급은 공공기관을 향한 국민의 부정적 정서를 고려하는 측면에서 거의 나오기 힘든 등급임을 알 수 있다.

넷째, 정권교체시기에 평가체계와 평가지표가 대폭 개편된다. 박근혜 정부는 민간전문가 전환, 재무 건전성과 보수지표 개편이 있었다. 문재인 정부는 사회적 가치 중심 전면개편, 평가단 분리, 상대와 절대평가 병행 등의 평가체계에 큰 변화가 있었다.

최근 사례로 윤석열 정부의 실질적 첫 번째 평가인 2022년도 평가를 위한 평가편람 개정은 사회적 책임 배점이 대폭 축소되고 재무성과관리 항목이 확대되었다. 공공기관 경영평가는 대한민국 경제발전에서 공공이익을 위한 사회적 요구에 부응하고, 새롭게 출범하는 정부의 핵심정책을 선도하는 역할로 시대적 소명에 따르고 있는 것이다.

## 〈표1-3〉 연도별 경영평가 특징

| 연도 | 경영평가 특징 | 비고 |
|---|---|---|
| 2021 | • 평가결과: 130개 공공기관 등급분포는 예년과 비슷한 수준<br>　– 종합등급 (S) 1개, (A) 23개, (B) 48개, (C) 40개, (D,E) 18개<br>• 유형별 양호등급 이상(S,A,B)은 강소형이 높은(59.5%) 반면, 미흡등급<br>　이하(D,E)는 공기업/준정부기관이 높음(13.9%/14.0%) | 윤석열<br>정부<br>첫 번째<br>평가 |
| 2020 | • 평가결과: 131개 공공기관 등급 분포는 예년과 비슷한 수준<br>　– 종합등급 (A) 23개, (B) 49개, (C) 40개, (D,E) 19개<br>• 유형별 양호등급 이상(A,B)은 공기업이 높은(61.1%) 반면, 미흡등급 이<br>　하(D,E)는 준정부기관/강소형이 높음(12.9%/19.5%) | |
| 2019 | • 평가결과: 129개 공공기관 등급분포는 예년과 비슷한 수준<br>　– 종합등급 (A) 21개, (B) 51개, (C) 40개, (D,E) 17개<br>• 유형별 양호등급 이상(A,B)은 공기업/준정부 높은(55.6%/62.0%) 반<br>　면, 미흡등급 이하(D,E)는 준정부/강소형이 높음(14.0%/16.3%) | |
| 2018 | • 경영평가 도입 30년 만에 사회적 가치, 공공성 중심으로 전면개편<br>　– 안전, 윤리경영, 일자리, 상생협력 등 사회적 가치 50% 이상 대폭 확<br>　　대, 혁신성 평가<br>• 평가결과: 128개 공공기관 등급분포 예년과 유사, 전년보다 다소 개선<br>　– 종합등급(상대) (A) 20개, (B) 51개, (C) 40개, (D,E) 17개 | |
| 2017 | • 평가결과: 등급분포는 과거에 비해 상위등급 축소, 하위등급 확대<br>　– 종합등급 (A) 17개, (B) 45개, (C) 44개, (D,E) 17개<br>　– 지표체계변동, 우수기관 유형변경(강소형 → 준정부)으로 강소형<br>　　A등급 비율 낮음<br>　– 일자리 창출, 채용비리 근절 등 사회적 책임 이행 적극 반영<br>• '18년 전면개편에 앞서 유형별 평가단 구성, 상대·절대평가 병행 추진 | 문재인<br>정부<br>첫 번째<br>평가 |
| 2016 | • 평가결과: 119개 공공기관 등급분포는 예년과 비슷한 수준<br>　– 종합등급 (A) 16개, 성과급미지급대상 (D,E) 17개 | |
| 2015 | • 공공기관 정상화대책 추진 등으로 예년보다 등급분포 상향<br>• 평가결과: 116개 공공기관 예년보다 다소 개선된 분포<br>　– (A) 20개, (B) 53개, (C) 30개, (D,E) 13개 | |
| 2014 | • 등급분포 예년과 비슷, 성과급대상 'C'등급 이상 상승(85 → 87%)<br>　– (A) 15개, (B) 51개, (C) 35개, (D,E) 15개<br>　– 부채과다 및 방만경영 중점기관의 등급상승이 두드러짐<br>　* 중점관리대상 29개 중 18개 기관 등급상승, 성과급대상 C등급 이상<br>　　증가(17개 → 22개) | |

| | | |
|---|---|---|
| 2013 | • 156명의 민간전문가 경영평가단이 117개 공공기관 평가<br>  – 평가 공정성과 전문성 제고를 위해 엄격한 윤리검증을 거쳐 작년 평<br>    가단 78% 교체<br>• 평가결과: 전년보다 크게 부진<br>  – (A) 2개, (B) 39개, (C) 46개, (D,E) 30개<br>  – 평가등급 하락원인은 부채과다 및 방만경영기관의 성과부진과 안전<br>    관련기관 집중점검 | 박근혜<br>정부<br>첫 번째<br>평가 |
| 2012 | • 경영실적 엄격한 평가, 환류기능 강화(전년 부진기관 중점 점검 등)<br>  – (A) 16개, (B) 40개, (C) 39개, (D,E) 16개<br>  – 정부지침위반, 도덕적해이 등 사회적 물의기관 평가에 엄중반영, 경<br>    영공시 점검 강화<br>• 소관부처 역할 확대, 평가단규모 확대, 평가단 워크숍 등 전문성 제고 | |
| 2011 | • 공기업, 준정부기관 항목 추가, 평가기관 10개 증가(A등급 감소)<br>  – (S) 1개, (A) 17개, (B) 50개, (C) 27개, (D,E) 14개 | |
| 2010 | • 평가결과: 전년과 비슷, 전체 평가결과 비교적 상승(평가기관 4개 증가)<br>  – (A) 25개, (B) 43개, (C) 24개, (D) 8개 | |

(출처: e–나라지표)

26

# 3  선택과 판단은 기관의 몫이다

　공공기관은 사익이 아닌 공공의 이익을 추구한다. 공공기관의 좁은 의미는 '공운법' 요건에 해당하여 기재부장관이 지정한 기관을 가리키나, 넓은 의미는 '공공기관의 정보공개에 관한 법률'에서 지칭하는 의미로도 해석한다.

　법률에 근거하여 공공기관으로 분류되면 숙명적으로 경영평가를 받아야만 한다. 기관입장에서 매년 평가를 받는 것은 힘든 일이다. 준비과정도 힘들지만 기관 간 상대적인 서열로 나타나는 평가결과를 받아들여야 하는 두려움이 크다. 평가결과가 기관과 구성원의 명예와 성과급에 영향을 끼치기 때문에 신경이 더 쓰일 수밖에 없다.

　기관이 매년 경영평가를 받다 보면 어느 해는 많은 노력을 기울였음에도 좋지 않은 결과를 얻기도 하고, 관행대로 했는데 주변상황이 긍정적이라 좋은 결과를 얻는 경우가 있다.

　이러한 결과에 대해 경영평가는 노력과 무관하며 오롯이 운이라고 말할 수 있을까? 기관마다 평가에 대응하는 자체적인 역량은 평가결과에 영향이 없는 것일까? 기관의 평가담당자는 문득문득 다음과 같은 의문의 꼬리 속에 빠지기도 한다.

"매년 좋은 등급만 평가받는 기관이 있을까
아니면 항상 저조하기만 한 기관도 있을까?"
"우리가 매년 받게 되는 경영평가 결과가
진짜 실력인가 아니면 운인가?"

과거 5년간의 공공기관 경영평가 결과를 분석하여 이 두 가지 궁금증을 확인해보았다.

**〈표1-4〉 공공기관 경영평가 결과**

| 평가 등급 횟수 | 공기업 | | | | 준정부기관 | | | | 강소형기관 | | | |
|---|---|---|---|---|---|---|---|---|---|---|---|---|
| | S, A등급 | | D, E등급 | | S, A등급 | | D, E등급 | | S, A등급 | | D, E등급 | |
| | 기관수 | 누적비 | 기관수 | 누적비 | 기관수 | 누적비 | 기관수 | 누적비 | 기관수 | 누적비 | 기관수 | 누적비 |
| 5회 | | | | | 1 | 1.9% | | | 1 | 2.5% | | |
| 4회 | 2 | 5.6% | 1 | 2.8% | 2 | 5.8% | 1 | 1.9% | 1 | 4.9% | | |
| 3회 | 4 | 16.9% | 2 | 8.4% | 6 | 17.4% | 0 | 1.9% | 2 | 9.8% | 1 | 2.5% |
| 2회 | 4 | 28.1% | 4 | 19.7% | 4 | 25.1% | 8 | 17.4% | 3 | 17.2% | 7 | 19.6% |
| 1회 | 4 | 39.3% | 5 | 33.7% | 9 | 42.5% | 15 | 46.3% | 4 | 27.0% | 14 | 53.9% |
| 평가대상 (5년평균) | 35.6개 기관 | | | | 51.8개 기관 | | | | 40.8개 기관 | | | |

* 분석대상: 공운법에 의거 기재부가 지정하여 평가하는 공기업, 준정부기관
* 분석기간: 2017년도 ~ 2021년도 평가결과
* 분석방법: 5년간 공공기관 평가결과에서 우수이상(S,A등급)을 받는 기관 수와 미흡이하(D,E등급)를 받은 기관 수 분석

먼저 〈표1-4〉를 통해 매년 평가를 잘 받는 기관(또는 못 받는 기관)이 있는지 확인해 보았다. 기재부가 주관하는 공공기관 경영평가에서 5년간 우수이상등급(S, A등급이상)을 3회 이상 받는 것

은 기적 같은 일이다. A등급 이상을 받는다는 것은 혼신의 노력 이외에 사회적 이슈나 사건사고가 없는 완벽한 상황에서만 가능하다는 것을 경영평가 경험자라면 누구나 알고 있다. 승률 60% 이상(5년간 3회 이상 우수등급)이 공기업 6개(16.9%), 준정부 9개(17.4%), 강소형 4개(9.8%)다. 약 16~17%의 공공기관(강소형 제외)은 항상 평가를 잘 받는 기관임을 확인할 수 있다.

이러한 기관은 탁월한 경영평가 대응능력이 있고, 어떠한 상황에서도 B등급(양호)이상을 유지해 갈 수 있는 역량을 가진 것으로 보여진다.

반대로 과거 5년간 미흡이하등급(D, E등급)을 3회 이상 받는다는 것은 기관역량이 부족하거나 사회적 사건사고에 연루되었을 가능성이 높다. 이러한 미흡이하등급기관은 공기업 3개(8.4%), 준정부 1개(1.9%), 강소형 1개(2.5%)로 소수다.

하지만 실패율 40%(5년간 2회 이상 미흡이하등급)는 공기업 7개(19.7%), 준정부 9개(17.4%), 강소형 8개(19.6%)로 꽤 많은 숫자가 나타난다. 우수이상등급과 정반대로 17~19%기관이 연속해서 미흡등급을 받고 있었다. 불가피한 상황이 있었다고도 말할 수 있지만 대응역량에 부족함이 없는지 냉정히 판단해볼 필요가 있다.

최근 5년간의 경영평가 결과분석을 통해 매년 좋은 평가를 받는 16~17% 우수이상등급기관과 반대로 저조한 등급만을 받는

17~19%의 미흡이하등급기관이 존재함을 확인할 수 있다.

다음으로 경영평가에서 정말로 운이 작용하는 지 간접적인 방법으로 분석해보았다.

2018년도 이후에 공공기관 경영평가에서 평가등급 변화를 분석해보았다. 〈표1-5〉는 기관의 평가등급 변화 폭(최고등급과 최소등급 차이)을 분석한 결과이다.

<표1-5> 공기업 경영평가 결과 평가등급 변화 폭

| 평가등급 변화 폭 | 변화없음 | 한 등급 | 두 등급 | 세 등급 | 합계 |
|---|---|---|---|---|---|
| 4년간 변화<br>(2018년~2021년) | 3 | 18 | 13 | 2* | 36 |
| 2년간 변화<br>(2020년~2021년) | 11 | 23 | 2* | 0 | 36 |

* 기재부 경영평가에서 4년간 세 등급, 2년간 두 등급 변화사례는 예외적 경우 해당 (출처: 김태일[3])

경영평가 4년간 변화에서 '한 등급' 또는 '변화없음'이 21개 (58%)이고, '두 등급' 이하는 34개(94%)를 차지한다. 2년간 변화에서도 '한 등급' 이하 변화가 34개(95%)에 육박하고 있다.

기재부 경영평가에서 한 등급 올리는 것이 얼마나 어려운지 58%와 95%수치가 여실히 보여주고 있다. 1년에 두 등급 상승하는 것은 아주 특별한 예외이며, 운이 작용했을지 모르지만 아주 희박한 확률이다. 따라서 기재부 경영평가에서 평가등급 변화는

3) 공기업 경영평가 결과분석 및 시사점 논의, 고려대학교, 김태일

운보다 기관의 대응역량과 노력에 의해 한 단계씩 점진적으로 변화한다는 것을 확인할 수 있다.

앞서 두 가지 분석을 통해 경영평가를 지속적으로 잘 받는 기관이 존재한다는 사실과 평가결과는 운보다는 대응역량과 노력에 의해 결정된다는 두 가지 결론에 도달할 수 있다.

그렇다면 대응역량이 좋은 결과를 보장한다면 어떻게 해야 좋은 평가를 받을 수 있을까? 이에 대한 필자의 답은 '경영평가를 활용하는 기관이 되라'고 말하고 싶다. 경영평가를 활용하는 기관은 평가편람의 본질을 정확히 파악하고 이를 활용하여 본연의 고유사업에서 공공성과 효율성을 높이고 국민서비스 개선에 기여하는 기관이다.

이들 기관이 제시한 베스트프랙티스가 긍정적인 평가를 받으면서 좋은 등급으로 연결되는 것이다. 또한 여러 기관에 우수사례로 전파되어 많은 공공기관 경영활동에 벤치마킹되는 이차적인 기여도 한다.

반대로 평가를 무시하는 기관(활용하지 못하는 기관)은 평가편람 의미를 제대로 파악하지 못해 형식적 경영개선에 머무르는 경우다. 경영시스템의 '운영실적과 수준' 또한 미흡할 가능성이 높다. 경영시스템 수준이 낮다보니 계획적이고 체계적 노력과정이 보이지 않아 개선성과 의미가 좋은 평가를 받지 못하게 된다.

결론적으로 경영평가 본질을 이해하고 이를 '활용하는 기관'이 될지, 수동적이고 형식적 대응만 하는 '무시하는 기관'이 될지 선택은 기관 몫이다.

이 책은 경영평가를 능동적으로 활용하고자 하는 기관에게 조그마한 도움을 드리고 싶은 마음에서 시작하였다.

# CHAPTER
# 02

# 경영평가 준비
# Top 3 Point

공공기관운영위원회(이하 '공운위')에서 지정된 공공기관에 대한 경영평가는 정부부처 중 기획재정부(이하 '기재부')가 담당한다. 기재부는 매 회계연도 개시 전까지 평가기준과 방법을 정한 경영평가편람(이하 '평가편람')을 확정해서 기관에 통보한다. 평가편람에는 경영실적 평가개요, 평가기준, 평가방법, 평가결과 등 후속조치 내용이 포함되어 있다.

체계적이고 종합적인 경영실적평가를 위해 경영관리와 주요사업 범주로 구분하여 평가하며, 범주별 계량지표와 비계량지표가 설정된다. 공공기관 유형에 따라 공기업과 준정부기관으로 구분되고, 기관특성에 맞도록 평가지표 수, 내용, 가중치에 대한 기준을 별도로 정한다. 평가편람의 평가지표 주요내용은 〈표2-1〉과 같다.

**〈표2-1〉 평가지표 주요내용과 가중치(2022년 기준)**

| 범주 | 주요 평가내용 | 공기업 | | 준정부기관(기금형) | |
|---|---|---|---|---|---|
| | | 비계량 지표 | 계량 지표 | 비계량 지표 | 계량 지표 |
| 경영 관리 | 경영전략, 사회적 책임, 재무성과 관리, 조직 및 인적자원 관리, 보수 및 복리후생 관리 (가점) 혁신계획 실행노력과 성과 | 27.5 | 27.5 | 23.5 (24.5) | 21.5 (25.5) |
| 주요 사업 | 주요사업 계획·집행·성과를 종합평가 | 21 | 24 | 24 (24) | 31 (26) |
| 합계 | | 48.5 | 51.5 | 47.5 (48.5) | 52.5 (51.5) |

기재부는 평가연도 직전 12월에 공운위 의결을 거쳐 기관에

평가편람을 통보한다. 통보된 평가편람은 경영평가에서 문제지에 해당한다. 이 문제지에 대하여 기관이 작성한 답안지가 경영실적 보고서다. 평가편람을 통보받는 기관은 매년 1월에서 12월 사이에 문제지 답을 찾기 위한 노력을 기울인다. 좋은 결과를 얻기 위해서는 유기적인 내부협력체계를 구축하고, 개선성과를 체계적으로 관리할 수 있는 종합적인 경영평가 대응 프로세스도 갖추어야 한다.

그렇다면 기관이 종합적인 경영평가 대응 프로세스를 갖춘다는 것은 무엇을 의미하는가?

경영평가는 크게 비계량지표, 계량지표, 현장실사 등 세 영역으로 구분된다. 이 영역에 대해 개념을 정확하게 이해하고, 준비와 대응에 필요한 효과적 프로세스 및 구성원 역량을 체계적인 내부시스템으로 구축한다는 것을 의미한다. 기본개념은 다음과 같다.

첫째, 비계량지표는 평가편람에 제시된 세부평가내용에 대해 개선노력과 성과를 정성적으로 평가하는 영역이다. 계량지표와 같은 수치목표를 달성하는 것이 아니라서 연중에 실적개선 진행 상황을 모니터링하기 쉽지 않다. 준비과정에서 체계적인 대응프로세스가 필요하다.

둘째, 계량지표는 평가내용과 산출식이 명확하고, 연초부터 달성목표가 확정된 영역이다. 조직단위 목표배분과 모니터링을 통해 실적관리가 용이하다. 다만 계획목표와 예상실적의 차이가 클 경우 이를 극복해 나갈 수 있는 대응프로세스가 준비되어 있어야 한다.

셋째, 실제로 경영평가를 받는 현장실사와 사후관리 영역이다. 현장평가를 대비해 스포츠에서 연습과 실전 게임 같은 준비가 필요하다. 1년간의 기관성과를 평가위원에게 설명하는 자리인 만큼 경영평가에서 가장 중요한 순간이다. 사전적인 모의훈련과 후속 조치가 필요하다.

본 장에서는 3년간 공기업 성과관리부장으로 근무하며 경영평가를 총괄해본 경험을 바탕으로, 경영평가를 체계적으로 준비해가는 데 기본이 되는 비계량지표, 계량지표, 현장실사와 사후관리 등 세 영역에 대한 구체적인 관리방안을 제시한다.

## 1 비계량지표 관리

비계량지표는 경영관리와 주요사업 범주로 구분된다. 공운위에서 확정한 평가편람의 세부평가내용에 대해 노력과 성과를 정성적으로 평가한다. 경영관리 범주는 공공기관 경영활동에서 기본적으로 이행해야 하는 공통 평가지표로 구성되고, 주요사업 범주는 기관이 고유사업을 수행해가면서 공공의 이익에 기여하는 성과관리적정성에 대한 지표로 구성된다.

경영평가에서 비계량지표를 잘 관리하는 것은 중요한 이슈다. 계량지표가 평가편람에 정해진 목표와 계산식에 따라 실적이 확정되는 반면, 비계량지표는 정성평가라서 기관의 창의적인 성과창출 노력 여부에 따라 결과가 바뀔 수 있는 영역이기 때문이다. 특히 기관을 둘러싼 경영환경이나 사회문제로 계량실적이 저조할 경우, 스스로 노력하여 극복할 수 있는 유일한 영역이 비계량이기 때문에 중요하다. 비계량지표를 체계적으로 관리해 나가는 것은 기관이 우수한 평가등급에 다가가는 핵심요인이다.

### 가. 계획을 수립하면 성과가 풍성해진다

비계량지표 평가를 위한 경영실적보고서 작성은 기재부가 제시한 '경영실적보고서 작성지침'을 준수해서 작성한다. 작성지침에 공기업과 준정부기관(기금관리형, 위탁집행형)은 200페이지, 중소형기관은 100페이지 이내 분량으로 15%범위에서 추가하여 작성할 수 있도록 한다. 경영관리 범주는 주요사업 범주보다 평가지표 수가 많아서 보고서 분량을 더 할당하기도 한다. 특히 경영관리 범주는 유형별 동일지표로 구성되다 보니 타 기관과 직접적인 상대비교도 가능하다. 비교에서 우위에 서기 위해서는 보고서에 담을 기관만의 차별화된 개선성과를 가능하면 많이 확보해 두는 것이 중요하다. 확보된 다양한 실적 중에 가장 우수한 성과를 선별하여 보고서에 담는 것이 상대적 우위를 점하는 유일한 방법이기 때문이다. 충분한 실적이 확보되지 않으면 빈약하고 맥락 없는 보고서가 되기 쉽다. 선제적으로 비계량지표 세부평가내용에 대한 실행계획을 수립하여 진행할 것을 권장한다.

## 신년 업무계획에 우수성과 달성 방안을 계획하라

기재부의 평가편람 통보시점은 평가년도의 전년 12월이다. 이즈음 기관은 당년도 경영실적보고서를 작성하느라 바쁜 시기다. 내년도 평가편람은 관심 밖이고 이러한 상황은 실사가 종료되는 5월까지 이어질 가능성도 있다. 자칫 평가편람 내용개정을 인식하는 시기가 늦어져 적시대응 시기를 놓치는 낭패를 볼 수도 있는 것이다. 따라서 성과관리부서는 통보받는 즉시 개정사항을 해당부서에 통보해야 한다. 서식은 〈표2-2〉를 참조할 수 있다.

○○○○년도 경영평가편람 주요 변경사항

| 지표명 | 관련부서 | 주요 개정내용 | | 평가편람원문 |
|---|---|---|---|---|
| | | (개정) | ......... 실적추가 | |
| | | (신설) | ......... 내용신설 | |
| | | (문구정비) | ......... 문구변동 | |

　대부분 공공기관은 연초(또는 연말)에 기관장에게 신년 업무계획을 보고한다. 기관특성에 따라 다양한 방식과 서식으로 진행하지만 기본적으로 일반현황, 환경분석, 주요 업무계획, 현안사항 및 대책, 건의사항 등이 포함된다. 신년 업무계획에 '경영평가 우수성과 달성방안'을 처(실)별로 제시하게 할 수 있다. 12월에 통보된 편람개정내용을 확인한 후 1년을 시작하는 시점에서 비계량성과를 도출하기 위해 고민하는 시간을 갖는 것이다. 이를 통해 비계량지표의 성과관리 방향을 계획하도록 유도하는 것이 목적이다. 성과관리부서는 처(실)별 계획을 종합하여 당해 연도 비계량지표관리에 대한 개략적인 상황을 선제적으로 살펴보는 기회가 된다.

〈표2-3〉 신년 업무계획 경영평가 우수성과 달성방안

| (종전) 신년 업무계획 | | (개선) 신년 업무계획 |
|---|---|---|
| 일반현황, 환경분석, 업무계획, 현안사항 및 대책, 건의사항 | ➡ | 동일 |
| (신설) | | 경영평가 우수성과 달성방안 |

☞ 비계량지표 세부평가내용과 담당조직을 매칭하는 과정이 사전에 선행되어야 함

## 기관 내부성과평가 비계량목표와 연계하라

정부는 2004년도부터 공공기관이 자체적인 성과관리를 통해 경영책임성을 확보하도록 내부 성과평가제도 도입을 권장하였다. BSC모델형태로 도입이 시작된 이후 내부 성과평가제도는 공공기관의 경영목표 달성에 동기를 부여하는 목적으로 지금도 활용되고 있다.

공공기관 내부성과평가는 계량과 비계량성과를 구분하여 평가한다. 공정성 측면에서 외부에 독립적인 '경영성과평가단' 구성을 위탁하여 평가하기도 한다. 내부성과평가 결과는 기관 특성에 따라 다양하게 활용한다. 기본적으로 성과급 차등에 활용하며 보직자는 최대 200%까지 차등하기도 해 구성원에게 미치는 영향이 적지 않다. 이외에도 인사평가 등급배분 우대나 승진인원 배정 등에서 이득을 주기도 한다.

이에 공공기관은 내부성과평가를 경영평가 대응과 연계하여 우수등급 달성에 활용한다. 오랜 기간 경영평가를 받아온 기관일수록 이러한 경영평가지표 연계를 빨리 시작했다. 평가지표를 연계하는 과정에서 어려운 점은 주요사업 범주가 사업별 담당조직이 명확하게 구분되어 문제가 없는 반면, 경영관리 범주는 하나의 평가지표를 여러 부서가 동시에 수행하는 경우가 있다 보니 서로 담당하지 않으려는 다툼이 있다. 이런 경우 업무비중, 연도별 순번제 등의 방식으로 처(실)장간 협의조정을 통해 합리적으

로 의사결정 할 수 있다. 다음의 〈표2-4〉는 경영평가와 내부성
과평가의 평가지표를 연계한 예시이다

**〈표2-4〉 경영평가와 내부성과평가 평가지표 연계(경영관리범주 예시)**

| 구분 | 경영평가(2022년도 공기업 기준) | | | 내부성과평가 | |
|---|---|---|---|---|---|
| 구분 | 지표명 | 세부평가내용 | | 지표유형 | 담당부서 |
| 계량<br>지표 | 국민소통 | ① 경영정보공시 자료의 정확성 및 적시성 | | 부서관리지표 | ○○부 |
| | 일자리 및<br>균등한 기회 | ① 청년미취업자고용실적, ② 장애인의무고용,<br>③ 국가유공자 우선 채용 | | 부서관리지표 | ○○부 |
| | | ① 용역근로자 보호지침 준수 | | 전사관리지표 | 전 부서 |
| | 안전 및<br>재난관리 | ① 산업재해 등 근로자 피해방지, 사업장 안전<br>관리 등 근로환경개선, 시설물 관리 및 건설과<br>정에서의 안전 확보를 위한 노력과 성과 | | 전사관리지표 | 전 부서 |
| | | ② 개인정보보호 및 사이버안전을 위한 정보보<br>안관리체계구축·운영 등을 위한 노력과 성과 | | 전사관리지표 | 전 부서 |
| | 친환경·<br>탄소중립 | ① 온실가스 감축 및 에너지 절약 실적<br>② 녹색제품 구매실적 | | 부서관리지표 | ○○부 |
| | 상생·협력<br>및 지역발전 | ① 중소기업생산품, ② 기술개발생산품,<br>③ 사회적기업·협동조합생산품, ④ 전통시장<br>온누리 상품권, ⑤ 여성기업생산품, ⑥ 장애인<br>생산품, ⑦ 국가유공자자활용사촌생산품 | 총괄부서(○○부) | | |
| | | | 전사관리지표 | 전 부서 |
| | 윤리경영 | ① 자체감사활동 심사(감사원) 결과 반영 | | 부서관리지표 | ○○부 |
| | 재무예산<br>성과 | ① 기관의 재무안정성, 투자 및 집행효율성, 경<br>영성과 등 평가(세평지표는 각 기관 업무특성<br>고려 설정), ② 일반관리비 관리, ③ 기금관리형<br>준정부기관은 기금운용성과 평가 | | 부서관리지표 | ○○부 |
| | 효율성 | ① 세부평가지표는 효율성을 측정할 수 있는 노<br>동·자본생산성, 인건비생산성, 사업수행 효율<br>성 등의 지표 중 각 기관의 업무특성 고려 설정 | | 부서관리지표 | ○○부 |
| | 총인건비<br>관리 | ① 총인건비인상률 | | 부서관리지표 | ○○부 |

| 비계량<br>지표 | 전략기획 및<br>경영혁신 | ① 기관설립목적, 환경변화에 부합하는 비전·<br>핵심가치·경영목표설정 및 연계된 경영전략 체<br>계적수립 및 이행을 위한 기관 노력과 성과 | 총괄부서(○○부) | |
|---|---|---|---|---|
| | | | 부서관리지표 | ○○부 |
| | | ② 경영혁신 및 경영개선을 위한 계획 수립과<br>이행을 위한 기관의 노력과 성과 | 부서관리지표 | ○○부 |

☞ 주요사업 비계량지표는 기관의 설립목적을 이행하는 사업지표이므로 관리부서 연계가 명확함

## 평가지표 세부평가내용별 추진계획을 수립하라

매년 12월에 확정되는 익년도 평가편람에는 구체적인 평가기준과 방법이 제시된다. 경영관리와 주요사업 범주의 비계량지표와 계량지표 가중치가 제시되고, 일명 '세평'이라 불리는 '세부평가내용'이 제시된다. 계량지표는 목표부여와 실적 산출식이 명확하게 제시되므로 담당부서를 지정하고 진행상황을 모니터링하면 실적관리에 큰 문제는 없다. 반면 비계량지표는 정성평가 방식으로 평가편람에서 정량적인 목표제시가 없다. 무엇을 어떻게 개선하여 성과로 제시할지에 대한 모든 것은 기관 스스로 정한다. 특히 경영관리 범주는 기관유형에 따라 동일한 세부평가내용이 제시된다. 즉 동일한 시험문제를 제시하여 기관 특성에 따라 각각의 답안지를 제출하면 이에 대하여 상대적인 평가를 하는 시스템이다. 타 기관보다 좋은 평가결과를 얻고 싶다면 차별화된 성과 창출을 위해 고민해야 하는 이유다.

기관이 비계량지표를 제대로 관리하기 위해서는 평가편람에 제시된 평가지표별 세부평가내용을 제대로 이해하는 것이 우선

이다. 평가항목에 주안점을 둔 개선 아이디어를 발굴하고 실행계획을 수립해야 한다. 세부평가 내용별로 담당부서를 사전에 지정한 후, 담당부서가 자체적인 추진계획을 수립하는 것이 체계적인 관리를 위해 중요하다. 추진계획수립에 대한 지침은 성과관리부서가 주도하는데 아래의 과정을 살펴보면 답을 얻을 수 있다.

### 시기　준비는 5~6월에 시작한다

매년 4월까지는 전년도 경영평가 현장실사와 후속조치 대응에 바쁘고 혼란스러운 상황이다. 5월은 되어야 전년도 경영평가 대응이 마무리되면서 잠시나마 여유가 생긴다. 연초부터 당해 연도 평가준비를 너무 서두르다 보면 자칫 눈앞에 진행되는 전년도 평가대응 집중력이 약해지는 부작용이 생길 수 있다. 따라서 하반기 조직개편과 인사이동이 발생하는 공공기관 특성을 고려하여 그 이전인 6월까지 계획수립을 완료하도록 권장한다.

### 형식　계획서는 복잡하지 않게 한다

추진계획서 형식은 세부평가내용에 대한 개선아이디어 도출과 실행 가능한 추진일정을 간략히 계획해 보는 것에서 의미를 찾을 수 있다. 이를 위해 세부평가내용별로 추진방향과 실행계획, 일정 등을 수립해 본다. 또한 세부평가 내용보다 상위개념에서 평가지표를 대표하는 핵심성과를 고민해 본다. 평가지표를 대표하는 핵심성과를 구상하면서 차별화 포인트를 생각해보는 시간을 갖는 것도 의미가 있다. 형식은 〈그림2-1〉을 참조할 수 있다.

### 검증 전문가를 통해 완성도를 높인다

기관이 수립한 추진계획이 적정하게 작성되었는지를 검토해보는 과정도 필요하다. 이 과정에서는 외부 전문가를 활용해 검토해보는 것도 고려할 수 있다. 성과의 의미와 측정방식의 타당성을 외부시각에서 검증해 볼 수 있기 때문이다.

외부 전문가를 활용함으로써 얻는 특별한 이점이 하나 더 있다. 외부 전문가 검토과정에서 계획서의 완성도를 높이는 기회로 활용할 수 있다. 실무자는 기관 상급자와의 회의방식보다 외부 전문가 토론과정을 보다 부담 없이 받아드린다. 필자는 실무자들이 외부 전문가에게 궁금한 점을 격의 없이 질문하고 의견 개진하는 모습을 현장에서 여러 번 경험한 바가 있다. 외부 전문가 검토는 의미 있는 내용들이 피드백될 뿐 아니라, 실무자에게 본인이 실행할 계획에 대해 이해가 깊어짐은 물론 추진일정도 구체화하는 기회가 된다. 또한 추진계획에 외부 시각이 반영되어 업그레이드되는 점에서 의미 있는 준비과정이라 할 수 있다.

## 지표별 핵심성과와 세부평가 내용별 추진계획

1. 지표명
2. 핵심성과

| 주 제 | |
|---|---|
| 핵심내용 | |
| 실행계획 | |
| 차별화 포인트 | |

3. 세부평가내용별 추진계획

| 세부평가내용 ① | 추진일정 |
|---|---|
| – 방향: | |
| 1) 실행계획<br>  –<br>2)<br>  –<br>3)<br>  – | |

| 세부평가내용 ② | 추진일정 |
|---|---|
| – 방향: | |
| | |

| 세부평가내용 ③ | 추진일정 |
|---|---|
| | |

**〈그림2-1〉 지표별 핵심성과와 세부평가 내용별 추진계획 서식**

수립된 추진계획서의 효용성을 높이기 위해서는 계획서에 대한 수준평가도 진행할 수 있다. 평가결과를 담당조직의 내부성과 평가에 반영할 수도 있다. 하지만 좋은 계획이 좋은 결과를 기대할 수 있는 측면에서 필요성도 있지만, 결과가 아닌 계획을 평가하는 것에 대해 구성원의 거부감이 있을 수 있으므로 신중한 접근이 필요하다.

세부평가내용에 대한 추진계획 수립은 연간 이행할 구체적인 실행계획을 초기에 고민한다는 점, 계획이 있기에 실행을 담보할 수 있다는 점, 계획적인 노력과정을 거친 성과만이 우수성과로 인정받을 수 있다는 점에서 경영평가 준비에 꼭 필요한 과정이다.

## 나. 초안부터 만든 후에 업그레이드하라

비계량지표의 문제지 평가편람에 대한 답안지로서 경영실적보고서 작성을 시작한다. 보고서 작성은 초안 만드는 것부터 시작하기를 권장한다. 빠른 시일 내에 보고서 초안을 만들어 평가지표별로 개선실적 분량이 적정한지 내용의 타당성 등에서 전체적으로 문제가 없는지를 살펴보는 데 유용하다. 또한 보고서 초안이 조기에 완성되어야 이후에 세부적인 내용을 구조화하고 가독성과 내용 전달력을 높이는 업그레이드 작업을 진행할 수 있다.

기관에서 초안을 만들어가는 방식과 일정은 기관환경에 따라

46

다양하게 진행할 수 있을 것이다. 여기서는 필자가 경험한 하나의 사례로써 보고서 초안 만드는 과정을 소개한다. 먼저 세부평가내용에 대해 실적내용의 구조를 설계하는 프레임워크를 구성하고, 이후 프레임워크에 개선실적을 채워가는 방식을 제안한다.

## 세부평가내용 프레임워크를 구성하라

보고서 프레임워크를 구성하는 시기는 마지막 분기가 시작되는 10월 정도가 적당하다. 3분기까지 확보된 추진실적을 기반으로 보고서 프레임워크를 만들 수 있고 전체적인 개선실적 분량과 수준도 점검이 가능한 시기이다. 프레임워크를 만드는 과정은 다음과 같이 네 단계로 나누어 진행할 수 있다.

### 1단계  세부평가내용 개정여부 확인

평가편람은 전년 12월에 확정된 후 10월에 한 번 더 수정된다. 보고서 작성을 시작하는 단계에서 최종 평가편람 기준으로 수정사항을 확인하는 절차를 가지기 권장한다. 지표담당자가 개정내용을 확인하고 수정했을 거라고 믿고 진행할 수도 있다. 하지만 기재부에 최종 제출된 보고서의 세부평가내용과 가중치가 전년 기준으로 작성되는 오류가 빈번하게 발견되는 것이 현실이다. 이러한 확인절차가 중요한 또 한 가지 이유는 개정내용이 없더라도 확인과정에서 세부평가내용을 한 번 더 숙지하는 기회가 되기 때문이다. 실무자는 세부평가내용 문구를 확인하는 과정에서 요구사항에 대한 이해도가 높아지게 된다. 실무자의 세부평가내용 이해도가 떨어지면 전년보고서 답습 수준에 머물러 좋은 보고서를 기대할 수 없다.

### 2단계　전년 경영실적보고서 학습

평가편람의 세부평가내용을 정확히 이해하였다면 다음으로 전년도 기관이 만들었던 보고서 내용을 학습한다. 담당지표의 전년도 보고서가 어떤 내용으로 작성되었는지 확인하는 과정에서 자신이 앞으로 무슨 일을 해야 할지 학습하는 기회가 된다.

### 3단계　우수등급기관 보고서 벤치마킹

전년도에 우수한 평가등급을 획득한 기관의 보고서를 분석하고 벤치마킹하는 과정도 필요하다. 실무자가 세부평가내용을 학습하고 기관의 전년보고서를 확인한 상태에서 우수등급기관의 보고서를 벤치마킹하면 무언가 다른 시사점이 눈에 들어올 것이다. 특히 우수등급기관 보고서의 콘텐츠, 구성방식, 흐름전개, 도식화 등에서 많은 차별성을 찾을 수 있다. 벤치마킹은 A등급 이상의 보고서로 진행하길 권장한다. 보고서 입수는 성과관리부서가 공공기관 간 네트워크를 이용하여 진행한다.

## **4단계** 보고서 초안 프레임워크 구성

이제부터 보고서 프레임워크를 구성해보자. 앞 단계에서 평가편람 개정과 보고서 학습, 벤치마킹을 기반으로 프레임워크를 구성하다 보면 한쪽 세부평가내용은 작성할 실적이 넘쳐나고 다른 한쪽은 쓸 내용이 빈약해서 당황스러운 상황이 오기도 한다. 사전에 프레임워크를 구성해보는 이유 중 하나가 이것이다. 작성 콘텐츠가 부족한 평가지표는 남은 4분기에 부족한 실적을 준비할 시간을 가질 수 있다. 또한 세부평가내용별 페이지를 구성해가며 핵심성과의 내용과 위치를 조정하고 가독성을 고려한 도식화 고민도 함께 할 수 있다.

| (1단계)<br>세평내용 개정 확인 | 세부평가내용 변동사항 확인과 내용 숙지 |
|---|---|

⬇

| (2단계)<br>전년 보고서 학습 | 전년 보고서 정독(보고서 내용 이해) |
|---|---|

⬇

| (3단계)<br>우수기관 벤치마킹 | 우수등급 실적보고서 분석 및 시사점 도출 |
|---|---|

⬇

| (4단계)<br>초안 프레임워크 구성 | 초안 프레임워크 구성(도식화 구성 설계) |
|---|---|

**〈그림2-2〉 세부평가내용 프레임워크 구성단계**

## 12월까지 보고서 초안을 완성하라

기관에서 12월이면 한 해 업무를 마무리하는 바쁜 시기이다. 이 상황에서 성과관리부서는 경영진에게 보고할 보고서 초안을 완성해 달라고 평가지표별 실무자에게 요청한다. 이에 대해 바쁜 시기에 이렇게까지 초안을 만들 필요가 있는가에 대해 기관 내부에서 논란이 되는 경우도 있다. 또한 내용과 형식도 부족한 상태의 초안을 경영진에 보고하는 것에 대해 처(실)장 불만이 함께 나타나기도 한다. 즉 보고서 초안을 작성하는 시점에 대한 효과성이 논란의 쟁점이다. 12월에 초안이 만들어지더라도 1월에 본격적인 보고서 작업을 진행하면서 많은 부분을 수정하다보니 효과성에 대해 논란이 될 수 있는 것이다.

기관 내 이러한 문제가 대두되면 경영평가를 총괄하는 성과관리부장은 이를 어떻게 할지 심각한 고민에 빠지기도 한다. 사실 이 문제는 기관별 상황에 따라 선택할 문제이지 정답이 있는 것은 아니다. 보고서 작성에 경험이 많고 자신 있는 기관이라면 1월부터 보고서 작성 작업을 시작해도 전혀 문제 될 것이 없을 것이다.

하지만 다음에 해당하는 기관이라면 반드시 12월까지 초안을 만들도록 권장한다.

첫째, 기관의 보고서 작성 역량이 한 해 동안 이룬 다양한 성과를 2개월 안에 완성도 높게 구조화하여 기술하는 능력이 부족한 경우이다. 즉 두 달 동안 열심히 보고서를 만들었는데 최종보고서에서 무언가 부족함을 느끼고 '시간이 더 주어졌더라면 완성도가 더 높아졌을 텐데'라는 아쉬움이 남는 기관이다. 경영평가를 받은 지 오래되지 않은 기관이 이에 해당할 것이다.

둘째, '구슬이 서 말이라도 꿰어야 보배다'라는 속담이 있다. 아무리 좋은 어떤 것이라도 다듬고 정리해 쓸모 있게 만들어야 값어치가 있다는 뜻이다. 기관이 좋은 개선성과를 가지고 있더라도 효과적으로 보고서에 표현하지 못하면 성과의 의미를 평가위원에게 제대로 전달할 수 없다. 다양한 시각에서 성과의 의미를 검토하고 확장하는 논의가 필요한 상황에 해당하는 경우다. 보고서 초안을 조기에 만들어 다양한 전문가로부터 고견을 들어가며 개선성과의 가치가 적절하게 표현되도록 다듬는 것이 필요한 기관이 해당할 것이다.

위의 2가지 중 하나에 해당하는 기관이 있다면 12월까지 보고서 초안을 만들어내는 것으로 추진계획을 수립하고 진행하기를 권장한다. 더 빨리 Start Line에서 서고, 더 많은 시간투자로 전문가 의견을 수렴하며, 더 많은 논의로 성과의 의미를 확장하는 과정을 통해 개선성과의 가치를 높임으로써 부족한 대응역량을 극복할 수 있을 것이다.

12월까지 보고서 초안을 완성하는 또 한 가지 이유는 초안이 사전에 확보되어야 이를 토대로 1월부터 본격적인 업그레이드 작업을 진행할 수 있기 때문이다. 또한 연도가 넘기 전에 초안을 완성해야 보고서에 담을 개선성과가 부족하지 않은지를 점검해 볼 수 있다. 여건만 된다면 초안 완성은 빠르면 빠를수록 좋다. 우수등급을 받는 대부분의 공공기관이 보고서 초안을 12월 이전에 완성하는 것으로 알려져 있다.

본격적인 보고서 초안을 만들어야 할 시점이 되었다. 초안을 만들어 가는 과정은 다음을 참조하기 바란다.

### 1단계  필요한 자료수집

보고서 초안 작업의 시작은 필요한 자료수집이다. 비계량지표 세부추진계획서와 상반기 내부성과평가를 위해 작성한 실적자료를 먼저 확보한다. 기관마다 경영시스템이 다르므로 실무자가 현업부서 업무담당자와 직접 접촉해서 필요한 자료를 확보한다.

### 2단계  프레임워크 실적구성

지난 10월에 작업했던 프레임워크를 기반으로 수집한 자료를 정리하여 평가지표별 세부평가내용에 개선실적으로 기재한다. 전년대비 개선성과가 무엇인지를 찾아내는 것이 작업의 핵심이다. 또한 단순히 실적을 나열하는 것보다 핵심성공요인(CSF, Critical Success Factor)을 찾아 프레임워크에 구성해보면서 성과 의미와 차별성을 강조하는 것이 중요하다.

## 완성된 보고서 초안을 경영진에 보고하라

매년 12월 둘째, 셋째 주 정도에 보고서 초안을 경영진에 보고한다는 목표를 세워보자. 만들어진 초안을 처(실)장이 경영진에게 보고해야 하기 때문에 어느 정도 보고서 품질 확보도 가능하다.

### 3단계  초안 경영진 보고회

보고서 초안이 완성되면 경영진보고회를 진행한다. 첫 번째 초안의 보고는 경영진의 큰 시각을 반영하는 것에 의미가 있다. 경영진 피드백은 1월부터 진행할 본격적인 보고서 작업에서 수정 방향의 중심축이 된다. 보고방식은 세부실적보다 지표단위 핵심성과 위주로 보고하는 것이 효율적이다. 세부실적과 표현방식은 앞으로 계속해서 수정이 이루어져야 할 부분이므로 이 단계에서 큰 의미를 둘 필요는 없다.

| (1단계)<br>필요한 자료수집 | 내부성과평가, 비계량지표 계획서, 실적자료 확보 |
|---|---|

⬇

| (2단계)<br>프레임워크 실적 구성 | 旣 프레임워크에 실적반영, CSF와 성과의미 제시 |
|---|---|

⬇

| (3단계)<br>초안 경영진 보고회 | 핵심성과 중심 보고, 경영진 큰 시각 피드백 |
|---|---|

〈그림2-3〉 경영실적보고서 초안 경영진 보고단계

## 다. 외부시각으로 성과의미를 점검하라

경영평가를 받게 되는 새해가 밝았다. 작년 말까지는 보고서 초안을 만들어내느라 바쁜 시간이었지만 마음에 여유는 있었다. 고작 며칠 차이지만 1월이 되는 순간, 좋은 보고서를 만들어야 한다는 중압감에 마음부터 쫓기기 시작한다. 이제부터는 전년에 만든 초안을 토대로 본격적인 보고서 업그레이드를 진행한다. 전문가 자문과 경영진보고회 등을 반복하며 보고서 완성도를 높여나가는 단계다.

### 외부관점 "YOU"시각을 반영하라

기관에서 보고서 작성 구성원의 집필 역량이 보고서 완성도에 많은 영향을 미친다는 것은 평가경험자라면 누구나 알고 있다. 오랜 기간 경영평가를 받아온 기관은 그동안 축적된 경험으로 집필체계와 구성원의 보고서 작성 스킬을 향상시키는 노하우를 보유하고 있어 수월하게 작업을 진행할 수 있다. 그러나 평가경험이 짧거나 규모가 작은 기관은 상대적으로 집필 역량이나 진행과정에서 어려움을 겪을 수 있다. 즉 보고서를 집필하는 역량에서 기관 간 차이가 있다는 것이다. 따라서 성과관리부서는 기관 집필 역량을 정확히 진단해서 부족한 역량이 있다면 이를 극복하기 위해 외부 전문가를 적극 활용하는 방안도 고려할 필요가 있다.

외부 전문가를 활용하여 기관의 부족한 역량을 채워가는 것은 기본적으로 많은 이점이 있지만 한편으로 유의할 점도 있는 것이 사실이다. 먼저 이점부터 살펴보면 다음과 같다.

첫째, 'I' 시각에서 평가위원 'YOU' 시각으로 전환하는데 도움이 된다.

보고서를 작성하는 실무자가 접근하는 대부분의 시각은 다음과 같은 'I' 관점에서 보고서 작성을 시작한다.

> **"기관이 ○○한 개선노력으로 ○○한 성과를 창출했고, 성과가 기관발전에 ○○만큼(○○게) 기여했다"**

하지만 평가위원이 알고 싶은 것은 다음과 같은 'YOU' 시각이다.

> **"당신(기관)은 왜 이 일을 하게 됐지요? 문제해결을 위해 ○○○한 어려움을 극복했고, ○○○한 과학적 기법을 적용했나요? 당신(기관)의 성과의미가 국민편익과 사회가치에 ○○을 기여했나요?"**

보고서 작성은 평가위원이 알고 싶은 'YOU' 시각으로 작성되어야 한다. 이러한 시각전환은 수백 번 내부에서 지적하며 고치려 하지만 잘 바뀌지 않는다. 외부 전문가를 활용한다면 효과적으로 빠른 시간에 변화시킬 수 있다.

둘째, 타 기관 우수사례를 벤치마킹할 수 있다.

외부 전문가는 연도별로 우수등급을 획득한 공공기관의 경영실적보고서를 입수하여 베스트프랙티스를 분석하고 수년간 누적된 우수사례를 관리하고 있다. 또한 정부정책 변화와 사회적 이슈에 대한 최신 트렌드 변화를 전문가 식견으로 파악하고 있다. 외부 전문가들이 갖고 있는 전문지식과 우수사례 정보를 기관의 평가보고서에 반영할 수 있다.

셋째, 논리적 전개와 도식화 등 표현방식 자문으로 보고서 완성도를 높일 수 있다.

외부 전문가는 가독성과 가시성 높은 보고서를 구성할 수 있는 전문성을 가지고 있다. 보고서 작성에서 핵심성과가 눈에 띄도록 표현하는 스킬과 보고서 가독성을 높이는데 전문가 지식을 활용한다면 완성도 높은 보고서 작성에 도움이 될 것이다.

이와 같이 외부 전문가를 활용하는 것이 여러 가지 이점은 있지만, 한편으로 유의해야 할 점도 있다. 기관이 개선한 성과의 정확한 의미는 내부구성원이 가장 잘 알고 있다. 전문가 자문에서 지나치게 성과를 확대해석함으로써, 의미가 변질되거나 과도한 수식어로 표현되지 않도록 유의할 필요가 있다. 과도한 성과의 포장을 위해 전문가를 활용하지 말라는 의미다. 지나치게 포장되어 작성된 성과는 보고서 전체의 신뢰도를 떨어뜨리는 위험요인이 될 수도 있음을 유념해야 한다.

## 단체워크숍으로 보고서 작성 효율을 높여라

기관은 매년 1월이면 보고서 초안을 토대로 실무자들이 한자리에 모여 작업하는 단체워크숍을 진행한다. 초안까지는 평가지표 그룹단위로 현업의 협조를 받아가며 만들어 갈 수 있었다. 하지만 완성도를 높이는 단계로 들어서면 평가지표 상호 간에 필요한 실적을 인용하기도 하고 성과 의미를 정확히 파악하여 반영도 해야 한다. 즉 평가지표 담당실무자 사이에 정보공유와 협업이 필요하고, 지표 간 인용오류가 없는지도 체크해야하기 때문에 기관에서는 다수인원이 참여하는 단체워크숍을 계획하여 진행한다.

**〈표2-5〉 워크숍 일정표(서식)**

| 일정 | | 경영관리 범주 | | 주요사업 범주 | |
|---|---|---|---|---|---|
| 1일차 | 오전 | ABC그룹 보고서 작성<br>(Main 1 Room) | | DEF사업그룹 보고서 작성<br>(Main 2 Room) | |
| | 오후 | A그룹 자문<br>(Room 3) | BC그룹 보고서 작성 | D사업그룹 자문<br>(Room 4) | EF사업 보고서 작성 |
| 2일차 | 오전 | B그룹 자문<br>(Room 3) | AC그룹 보고서 작성 | E사업그룹 자문<br>(Room 4) | DF사업 보고서 작성 |
| | 오후 | C그룹 자문<br>(Room 3) | AB그룹 보고서 작성 | F사업그룹 자문<br>(Room 4) | DE사업 보고서 작성 |
| 3일차 | 오전 | 자문결과 토의,<br>보고서반영(처·실장 참여) | | 자문결과 토의,<br>보고서반영(처·실장 참여) | |
| | 오후 | 보고서 완성/제출 | | 보고서 완성/제출 | |

단체워크숍은 집체 상태에서 다수인원이 참여하므로 짧은 시간 내에 효과적인 진행이 되도록 체계적인 준비가 필요하다. 이를 위해 성과관리부서는 사전에 세밀한 일정계획을 수립해야 한다. 자칫 다수인원이 모인 워크숍에서 우왕좌왕 시간만 가고 진척은 되지 않는 상황에 놓일 수 있다. 〈표2-5〉를 참조해 효율적인 시간과 일정을 반영한 체계적인 워크숍계획을 수립하기 바란다.

단체워크숍을 진행하면서 작성된 보고서에 대해 전문가 자문을 받을 수 있다. 이 자리에는 처(실)장도 함께 참여할 필요가 있다. 처(실)장이 전문가자문에 실무자와 함께 참여하여 초기부터 보고서 작성방향에 대해 자유롭게 논의하고 확정함으로써 향후에 방향성이 흔들리지 않고 일관되게 진행할 수 있다. 또한 개선성과의 배경과 세부내용을 깊이 있게 이해하는 기회도 된다.

## 경영진 보고회에서 성과의 가치를 확장하라

단체워크숍을 통해 업그레이드된 보고서가 완성되면 이를 기반으로 두 번째 경영진보고회를 갖는다. 2차 경영진보고회는 대면방식으로 경영진이 생각하는 성과의 가치와 의미를 반영하는 기회가 된다. 또한 반복되는 보고를 통해 경영진이 경영성과를 학습할 수 있어서 향후 현장실사 '경영자 인터뷰'를 대비하는 기회도 된다.

또한 경영진보고회는 경영진과 평가대응 구성원과의 소통채널

로도 의미를 가진다. 이러한 보고과정 없이 보고서가 완성되면 진행과정에서 어떤 고민과 어려운 과정을 겪으며 노력했는지 경영진은 알 수가 없다. 최선을 다해 보고서를 완성해 보고했는데, 경영진 생각에 성과제시가 부족하다고 판단하면 실무자를 질책하는 상황이 올 수도 있다. 따라서 경영진보고회는 전 조직이 노력하며 만들어나가는 발전적인 모습을 보여줄 수 있고, 좋은 결과를 위해 경영진과 실무자가 함께 노력해가는 공감대 측면에서도 의미가 있다.

## 중간평가로 외부시각을 점검, 완성도 향상을 유인하라

2월 중순이면 보고서 작성도 마무리 단계에 들어선다. 경영진 보고회와 전문가 자문을 통해 완성도는 높아지지만 실무자 피로감도 함께 올라간다. 3월 초 보고서 제출일이 다가오며 집중력이 절실해지는 시점이다. 이때 중간평가로 마지막 완성도를 끌어올릴 수 있다.

보고서에 대한 중간평가는 2월 중순이 적당하다. 최종적인 보고서 제출을 앞둔 직전의 상황이기 때문에 완성도가 높이 올라와 있는 상태다. 평가자는 이해도가 높은 상태에서 평가할 수 있으며, 실무자도 평가결과에 대한 불만이 적은 상황이다.

평가방식은 대면이 평가목적에 부합한다. 대면방식은 평가자가 함께 모인 자리에서 처(실)장이 핵심내용을 간략히 보고하고,

그 자리에서 강평과 평가를 함께 진행한다. 보고서 강점과 약점에 대해 직접 피드백 받을 수 있어 효과적인 방식이다.

평가주체는 경영진이 직접 평가하는 것과 전문성 차원에서 외부 전문가를 활용하여 평가하는 방법이 있다. 두 가지를 혼합해 경영진과 외부 전문가가 함께 평가하면 공정성과 전문성이 고려되는 합리적 방안이 될 수도 있다.

이러한 중간평가는 보고서를 마무리하는 과정에서 다음과 같은 이점을 가진다.

첫째, 외부 전문가 평가피드백을 통해 외부 시각에서 성과의 의미와 가치를 점검받을 수 있는 기회가 된다. 중간단계에서 성과의 의미를 외부 시각에서 수정·보완한다는 측면에서 의미가 있다.

둘째, 오랜 기간 보고서 작업에 매진하느라 지쳐 있는 실무자에게 마지막 긴장감을 주어 완성도를 끌어올릴 수 있다. 중간평가 결과를 평가지표 담당 처(실) 또는 예하조직의 내부성과평가와 연계하여 효과를 높일 수 있다.

셋째, 피드백되는 유용한 내용을 반영하여 최종보고서 완성도를 높이는 역할을 한다. 중간평가 시의 보고서 완성도가 90~95% 수준(100%기준)이라면, 이 시점에서는 사소한 문제가 모두 수정된 상태이기 때문에 핵심적인 사항만 피드백 내용으로 다루게 된다. 즉 핵심적인 피드백을 반영하여 최종 마무리한다는 점에서 중간평가의 의미가 크다.

중간평가에서 나타난 피드백을 반영하여 최종보고서를 완성했다면 이제 남은 것은 마지막 최종평가다. 최종평가는 정부 경영평가단이 현장실사를 통해 6월에 발표하는 기관의 경영평가 최종등급에 해당된다. 이 최종등급을 내부성과평가와 연계하여 활용하는 것은 기관의 선택이다.

## 라. 오류 없이 실적보고서를 완성하라

2월 중순이 지나면서 보고서 작성 마무리 단계로 들어간다. 이 시기에도 더 좋은 성과를 찾고자 시간과 노력을 투자하고 있다면 그것은 위험하다. 이때는 새로운 성과를 찾기보다 작성된 성과를 잘 마무리하는 것이 중요하다. 보고서에 성과의 의미를 더 명확히 하고 구성과 디자인 등이 시각적으로 부각되게 표현하는 데 노력을 기울여야 한다.

### 마무리 단계 유의사항을 점검하라

보고서 마무리 단계가 되면 평가지표별로 실적을 만드느라 전력질주하던 방향에서 벗어나 보고서의 전체 관점에서 일관성, 통일성, 지표 간 인용정확성, 작성지침 준수 등에 문제가 없는지 확인하는 것이 필요하다.

마무리하며 오류 유무를 체크하는 것이 중요하며, 이 과정에서 반드시 확인해야 할 기본적인 사항은 다음과 같다.

- 평가편람 '세부평가내용'이 실적보고서에 개선실적으로 누락 없이 제시되었는지 확인한다.
  - 편람 세부평가내용이 실적에 없는 경우에 불이행으로 간주되어 감점
- 기관 시각에서 벗어나 외부(국민, 정부, 고객, 평가위원) 시각에서 보고서 내용을 정비한다.
  - 일반인이 이해하기 힘든 기관만의 전문용어 표현 수정
  - 개선실적이 구체적이지 않고 평가위원이 이해하기 힘든 실적 제거
  - 문제해결 과정에서 고충, 갈등, 노력이 없는 단편적으로 나열된 실적 정비
- Title(주제목, 소제목)만 읽으면 실적이 이해되도록 제목 표현을 재점검한다.
- 동일 내용을 다른 평가지표에서 인용 시 오류가 없는지 확인한다.
  - 개정 중장기 경영전략의 체계, 용어, 목표에 대해 타 지표의 정확한 인용 확인
  - 지표 간 실적 인용 시 관련성 높은 지표에서 상세기술, 나머지 지표 요약 제시
  - 동일 실적을 다수지표에서 인용하여 페이지 수만 채우는 것은 감점 요인
- 외부 지적사항 조치실적이 반드시 개선실적에 제시되었는지 확인한다.
- 전년보고서 '추진실적'과 금년보고서 '전년실적'이 동일한지 확인한다.
- 보고서 내용 중 문장에 없어도 의미가 통하는 Text는 과감히 제거한다.

## 인쇄 전에 이것만큼은 체크하자

2월 말이 되면 보고서를 인쇄하여 발간하는 단계에 이른다. 이 시기가 되면 실무자는 마지막까지 보고서 완성도를 높이고 싶은 욕심에 조그만 시간이라도 더 주어지길 바란다. 이 상황에서 마지막 내용수정은 자칫 보고서 전체 완성도를 떨어뜨리는 원인이 될 수 있다. 실무자가 담당지표 위주로 마지막까지 수정작업만 하다 보면 연계된 타 지표 인용수치가 달라질 수 있고, 급히 수정하다 오타나 오류발생 위험도 커진다. 이처럼 보고서의 전체

신뢰도를 떨어뜨릴 위험이 있다면 마지막에는 내용수정 작업을 하지 않는 편이 좋을 수도 있다. 최종보고서에서 오류, 오타가 발견된다면 아무리 내용이 좋더라고 평가위원은 신뢰하지 않기 때문이다. 따라서 최종 인쇄 전에는 보고서 내용 수정보다 오류가 있는지 여부를 체크하는 절차를 가지도록 권장한다. 오류 없는 보고서가 만들어지도록 〈표2-6〉의 체크리스트를 참조하여 마지막으로 한 번 더 오류체크를 하기 바란다.

### 〈표2-6〉 보고서 인쇄 전 체크리스트

| 구분 | 체크리스트 |
|---|---|
| 구성 | • 경영관리와 주요사업별 표지에 표시된 정보가 정확한가?<br>  – 지표명, 지표정의, 세부평가내용, 가중치, 평가방법, 보직자 정보<br>• 보고서 內 번호부여 체계가 정확한가?<br>  – ①, 가, □, ○ 순으로 작성<br>• 페이지 구성 적정성: 제목, 실적내용을 포함한 전체 기준 줄 수(예: 34줄) 이내 작성 |
| TAG | • TAG가 보고서 본문에 적정하게 표시되었는가?<br>  – 지적사항개선: 전년도 지적사항 개선내용에 표시<br>  – 신규: 당해 연도에 신규로 시작/도입한 핵심성과에 표시<br>  – BP: 지표별 최고우수성과에 표시 |
| 용어 | • 페이지를 종합하는 수준에서 추진배경, 추진성과를 작성하였는가?<br>  – 세부단락 단위 개선실적은 개선내용과 개선성과로 표시<br>• 중장기 경영전략의 타 지표 인용 시 숫자, 용어에 착오가 없는가?<br>  – 개정된 중장기 전략의 비전, 목표, 방향, 과제 등의 정렬성 |
| 단위<br>표현 | • 날짜: '00년, '23.00, '23.00.00.으로 표시(apostrophe 방향 주의)<br>• 금액: 백만 원 단위 원칙(필요 시 천, 만, 억 원 단위 사용)<br>• 주석: 해당 본문 바로 아래 '*'표기, 약자 표기 시 원어와 설명 병기<br>• 페이지: P.00<br>• 퍼센트: % 증감 및 %P 증감 여부 명확히 구분 표시<br>• 증감: 증(+), 감(△)<br>• 소수점: 4자리에서 반올림 3자리까지 기재 |

## 초벌인쇄로 한 번 더 오류를 제거하라

보고서 인쇄 전 체크리스트로 마지막 점검을 진행한 후에 원고는 인쇄소로 넘겨진다. 원고가 인쇄기계로 전송되어 보고서 인쇄가 시작된다. 이때 초벌상태에서 오류를 확인할 기회를 가질 수 있다. 즉 초벌인쇄에서 마지막으로 한 번 더 오류를 체크하는 것이다.

초벌상태의 오류점검은 성과관리부서 중심으로 진행하기를 권장한다. 보고서 작성 실무자를 배제하는 것이 효과적일 수 있다. 실무자는 오랜 기간 작성내용에 익숙해져 있어 오류가 눈에 띄지 않으며, 마지막 순간에도 오류를 찾기보다 내용수정에 관심이 많기 때문이다.

초벌인쇄로 진행하는 최종 오류점검은 다음 일곱 가지 항목을 중심으로 진행한다.

- 보고서 내용 중에 오타가 없는가?
- 평가지표 시작페이지 베스트프랙티스가 본문 해당 페이지에 정확히 기술되었는가?
- 외부 지적사항 조치실적이 해당 페이지에 정확히 기술되었는가?
- TAG(지적사항개선, 베스트프랙티스, 신규 등)가 종류별 오류 없이 정확한 위치에 부착되었는가?
- 보고서 번호체계와 Numbering에 오류는 없는가?
- 여러 지표에서 공통으로 인용하는 중장기 전략체계에 오류는 없는가?
- 보고서 글씨체와 글씨 크기의 일관성에 오류는 없는가?

이렇게 성과관리부서가 중심이 되어 최종적인 오류점검을 진행하였다. 인쇄소에서 진행되는 초벌인쇄 현장에서 최종 점검 중에 중대한 오류가 발견되어 그 자리에서 수정하는 상황을 수차례 경험한 바 있다. 만약 그때 오류를 발견하지 못하고 발간되었더라면 어떠했을까? 생각만 해도 소름끼치는 느낌을 받은 적이 여러 번 있었다.

## 보고서 제출 기한을 준수하라

전년 10월에 보고서 프레임워크를 구성하는 작업을 시작으로 경영진보고회와 외부 전문가자문, 그리고 오류체크 등의 오랜 여정을 거쳐 드디어 인쇄를 마침으로써, 그해 연도의 경영실적보고서가 최종 발간된다. 인쇄잉크 냄새가 가시지 않은 발간된 책자를 들고 우선 경영진에 보고한다. 그리고 보고서작성지침에 따라 우편으로 기재부, 경영평가지원팀, 평가위원에게 보고서를 송부 (방식: 우체국택배, 경영평가포털 등록)하게 된다.

마침내 경영평가 준비의 첫 단계인 '비계량 경영실적보고서'가 마무리된다.

▶ **계획을 수립하면 성과가 풍성해진다**
- 신년업무 계획에 우수성과 달성 방안을 계획하라.
- 기관 내부성과평가 비계량목표와 연계하라.
- 평가지표 세부평가내용별 추진계획을 수립하라.

▶ **초안부터 만든 후에 업그레이드하라**
- 세부평가내용 프레임워크를 구성하라.
- 12월까지 보고서 초안을 완성하라.
- 완성된 보고서 초안을 경영진에 보고하라.

▶ **외부시각으로 성과의미를 점검하라**
- 외부관점 "YOU"시각을 반영하라.
- 단체워크숍으로 보고서 작성 효율을 높여라.
- 경영진보고회에서 성과의 가치를 확장하라.
- 중간평가로 외부시각을 점검, 완성도 향상을 유인하라.

▶ **오류 없이 실적보고서를 완성하라**
- 마무리 단계 유의사항을 점검하라.
- 인쇄 전에 이것만큼은 체크하자.
- 초벌인쇄로 한 번 더 오류를 제거하라.
- 보고서 제출 기한을 준수하라.

## 2 | 계량지표 관리

### 가. 계량실적 상승 없는 우수등급은 없다

경영평가에서 계량실적은 연간으로 평가하기 때문에 연말이 되어야 확정된다. 연말실적을 최종 확정한 순간부터 실적은 바로 과거가 된다. 더 이상 실적향상 노력이 불가함을 말한다. 따라서 연초부터 계량지표의 목표설정과 달성계획을 수립하고, 모니터링을 통해 시의적절하게 대응하는 것이 기관이 해야 할 일이다. 계량지표는 스스로 관리해 나갈 수 있기에 중요한 영역이다.

계량지표평가는 지표특성에 따라 기관편람에서 별도로 정한 경우를 제외하고 7가지 방법을 사용한다. 가장 많이 사용하는 목표부여(편차)방식은 5년간 표준편차를 활용하여 2표준편차 수준의 상하위 목표가 설정된다. 목표부여(편차)방식이 곤란할 경우 목표부여, 글로벌 실적비교, 중장기 목표부여, ß분포, 추세치, 목표대실적 등이 이용된다. 세부사항은 평가편람에서 확인할 수 있다.

〈표2-7〉에서 보듯이 2022년도 기준 공기업과 준정부기관 가중치는 51.5이고, 준정부기관 위탁집행형만 52.5로 가장 높다. 절반 이상의 비중을 차지하는 계량지표를 관리하지 못한다면 좋은 평가등급을 받기가 쉽지 않은 구조임을 알 수 있다.

<표2-7> 비계량/계량지표 가중치

| 구분 | 공기업 | | 준정부기관(위탁집행형) | | 준정부기관(기금관리형) | |
|---|---|---|---|---|---|---|
| | 비계량 | 계량 | 비계량 | 계량 | 비계량 | 계량 |
| 가중치 | 48.5 | 51.5 | 47.5 | 52.5 | 48.5 | 51.5 |

(출처: 2022년도 공공기관 경영평가편람 기준)

경영평가에서 기관 간 등급(점수) 격차에 어떤 영역이 가장 중요하게 영향을 미치는지 살펴보았다. 이를 위해 2018년부터 2021년까지 4년간 공기업 경영평가결과를 분석하였다. 분석방식은 경영평가의 네 가지 영역인 경영관리비계량, 경영관리계량, 주요사업비계량, 주요사업계량 등의 점수가 얼마나 변동하는지 표준편차를 구한 후에 36개 공기업의 표준편차에 대한 기술통계를 확인하였으며, 분석결과는 아래 〈표2-8〉과 같다.

<표2-8> 영역별 점수변동의 기술통계(2018~2021년도 평가결과 기준)

| 구분 | 평균 | 기관별 차이 | | |
|---|---|---|---|---|
| | | 표준편차 | 최대값 | 최소값 |
| 경영관리 비계량 | 1.496 | 1.022 | 0.476 | 5.180 |
| 경영관리 계량 | 1.199 | 0.589 | 0.254 | 2.654 |
| 주요사업 비계량 | 1.516 | 0.814 | 0.386 | 3.228 |
| 주요사업 계량 | 1.703 | 0.758 | 0.000 | 3.168 |
| 총점 | 3.311 | 1.700 | 0.882 | 8.967 |
| 등급(등급격차↓환산) | 0.691 | 0.377 | 0.000 | 1.732 |

(출처: 김태일[4])

4) 공기업경영평가 결과 분석 및 시사점 논의, 김태일, 고려대학교

2018년 이후 4년간 점수변동의 평균크기는 주요사업계량 (1.703) 〉 주요사업비계량(1.516) 〉 경영관리비계량(1.496) 〉 경영관리계량(1.199)순이었다. 4년간 기관의 점수변동의 변화 폭이 큰 영역이 주요사업계량이고, 점수변화 폭이 작은 영역이 경영관리계량이라는 의미다. 또한 주요사업계량(0.758)과 경영관리계량(0.589) 등 계량지표의 표준편차는 상대적으로 작았다. 이는 계량지표에서 기관 간 상대점수 차이가 크지 않다는 것으로, 지난 4년 간 변동이 작은 기관이 0일 때 큰 기관은 3점 수준으로 변동하였음을 의미한다. 즉 주요사업계량은 점수변동 폭이 큰 영역이지만 표준편차가 작아 기관 간의 상대적 차이는 작은 것으로 해석된다. 이는 대부분 기관이 주요사업계량에서 높은 점수를 받고 있는 것으로 해석할 수 있으며, 만약 기관만 상대적으로 낮은 점수를 받게 된다면 평가결과에 크게 영향 받게 된다는 의미를 시사한다.

앞서의 기술통계 분석에서 확인한 주요사업계량 점수변동의 시사점이 실제 평가결과에서 동일하게 나타나는지 확인해보기 위해 2021년 공기업(Ⅱ) 평가결과를 활용해 살펴보았다.

분석방법은 종합순위 5위 이내 상위그룹과 하위 5개 기관의 계량과 비계량지표 득점현황을 비교하였다. 〈표2-9〉에서 보듯이 5위 이내 상위그룹 종합 계량실적평균은 91.66으로 하위그룹보다 9.23%P 이상 높게 나타난다. 계량실적이 좋은 기관이 상위그룹에 위치하고 있음을 알 수 있다. 세부적으로 경영관리계량 상위그룹은 최소 85%이상을 득점하는 데 비해 하위그룹은 70%대 이하로 머물고 있고, 그룹 간 평균차이도 18.89%P로 큰 차이를 보이고 있다. 반면 주요사업계량 평균차이는 2.03%P로 상대적으로 작은 차이를 보인다. 이는 앞서 〈표2-8〉에서 주요사업계량에서 표준편차가 작다는 분석과 일치하는 맥락으로 해석된다.

경영평가 결과는 경제상황과 사회의 환경변화에 따라 매년 크게 영향을 받을 수 있다. 하지만 경영평가에서 우수등급을 받기

**〈표2-9〉 2021년도 공기업(Ⅱ) 평가결과 득점 현황**

| 종합<br>순위 | 기관명 | 경영관리 | | 주요사업 | | 종합 | | |
|---|---|---|---|---|---|---|---|---|
| | | 비계량 | 계량 | 비계량 | 계량 | 비계량 | 계량 | 가점포함 |
| 1 | 한국동서발전 | 63.70% | 94.07% | 64.76% | 96.97% | 64.09% | 95.73% | 76.64% |
| 2 | 한국부동산원 | 62.19% | 93.66% | 70.48% | 87.32% | 65.22% | 90.00% | 74.52% |
| 3 | 해양환경공단 | 59.59% | 96.11% | 62.86% | 97.81% | 60.78% | 97.10% | 74.52% |
| 4 | 한국남동발전 | 64.93% | 85.70% | 64.76% | 87.65% | 64.87% | 86.82% | 73.80% |
| 5 | 한국중부발전㈜ | 61.23% | 90.11% | 66.19% | 87.59% | 63.04% | 88.67% | 73.73% |
| | **상위그룹 평균** | | 91.93% | | 91.47% | | 91.66% | |
| 22 | 강원랜드 | 58.63% | 76.17% | 58.57% | 89.36% | 58.61% | 83.62% | 68.53% |
| 23 | ㈜에스알 | 55.89% | 77.80% | 52.86% | 100.00% | 54.78% | 90.64% | 68.49% |
| 24 | 그랜드코리아레저 | 58.08% | 72.21% | 54.76% | 88.93% | 56.87% | 82.00% | 66.33% |
| 25 | 대한석탄공사 | 52.60% | 72.58% | 62.86% | 86.05% | 56.35% | 80.19% | 65.26% |
| 26 | 한국마사회 | 56.16% | 66.42% | 63.81% | 82.84% | 58.96% | 75.69% | 65.16% |
| | **하위그룹 평균** | | 73.04% | | 89.44% | | 82.43% | |

(출처: 기재부 자료)

위해서는 계량지표 실적이 기본적으로 관리되어야 한다는 시사점을 확인할 수 있는 분석결과다.

두 가지 분석을 통해 우수한 계량실적이 확보되지 않고서는 기관이 좋은 등급을 받는 것이 쉽지 않음을 확인할 수 있다. 기관이 경영평가에서 우수등급 받기를 원한다면 계량지표를 체계적으로 관리하는 것이 전제되어야 한다.

## 나. 내부성과평가 목표와 연계부터 시작하라

경영평가에서 계량지표가 차지하는 중요성을 이해하였다면 다음으로 어떠한 프로세스를 통해 효과적으로 계량목표를 달성해 갈지가 고민스럽다. 특히 가장 일반적으로 사용하는 목표부여(편차)방식은 최고와 최저목표 수준이 2표준편차 이상 변화하는 방식이라 매년 목표달성하기가 쉽지 않은 구조다. 전략적이고 체계적인 관리시스템이 필요한 이유다.

계량지표를 체계적으로 관리하기 위해서는 내부성과평가 계량지표와 100%연계하는 것부터 시작할 수 있다. 많은 공공기관이 BSC모델 기반의 내부성과평가제도를 운영하고 있다. 자체적인 성과관리로 공공기관이 경영 책임성을 확보하도록 하는 정부 권유에 따른 것이다. 오랜 기간 경영평가를 받아온 기관은 이미 내부성과평가 계량목표와 연계하여 관리하고 있다.

계량지표 목표를 내부조직에 부여하는 시기는 내부성과평가편람 기준을 확정하는 2~4월이 적당하다. 경영평가 계량지표의 목표수준과 가중치를 고려하여 내부성과평가 목표를 설정함으로써 평가지표별 중요성을 차별화하여 운영할 수 있다. 내부 조직단위로 계량목표가 부여되는 순간부터 내부조직은 목표달성을 위한 고민을 시작할 것이다. 성과관리부서는 다음과 같은 절차를 참조하여 계량지표 관리에 만전을 기하도록 한다.

- 2분기 내에 내부조직에 계량지표 달성목표를 부여한다.
- 내부조직단위로 목표대비 달성수준을 전망하고 관리계획을 수립한다.
- 목표달성이 어려울 것으로 전망되는 조직은 극복대책을 수립하도록 한다.
- 내부조직별 관리계획을 종합하여 연간 계량지표 득점수준을 분석한다.
- 분석결과를 기반으로 전략적인 계량지표 관리방안을 수립한다.
- 부진지표의 위기극복 노력과 성과를 비계량 베스트프랙티스로 연계한다.

## 다. 위기상황 컨틴전시 플랜을 준비하라

계량지표담당조직에서 관리계획을 수립하고 성과관리부서가 이를 종합하여 그해 기관의 계량득점을 전망한 관리방안을 수립하면 1단계 작업이 마무리된다. 연말 전망실적에 문제가 없다면 이후는 계획대로 이행되는지 모니터링하면 된다. 모니터링은 달성지표와 그렇지 못한 지표의 상황변화를 확인하는 데 필요하다. 또한 모니터링 과정에서 생각지 못한 이슈가 발생하면 문제해결 방안을 찾을 수 있도록 성과관리부서도 함께 협력해야 한다.

최초의 모니터링 시기는 7월이 적당하다. 상반기실적 기준으로 연말 실적전망과 분석을 진행할 수 있어 적당하다. 이후 3분기실적이 산출되는 10월 그리고 12월에 계량실적과 달성전망을 모니터링하여 전사가 목표달성에 전력을 기울이도록 리드해야 한다. 모니터링을 진행하다 보면 예상했던 득점률이 환경변화로 급격히 하락하는 위급상황이 올 수도 있다.

　이러한 위기상황이 온다면 성과관리부서는 어떻게 대응해야 할까?

　성과관리부서는 이에 대응할 수 있는 컨틴전시 플랜(Contingency Plan)을 사전에 계획하고 있어야 한다. 컨틴전시 플랜은 기관마다 사업특성이 다르기 때문에 시행 기준이나 해결방식에서 차이가 있을 수 있다. 다만 위기상황에서 각각의 조직역할과 활동을 명확히 하고 실제 이행해야 하는 계획이므로 세부적인 기준으로 수립하는 것이 중요하다. 즉 단계별 실행기준, 주관조직, 참석대상, 보고내용 등에 대해 명확하게 정의해둘 필요가 있다. 또한 컨틴전시 플랜에 대해 관련조직 구성원이 정확하게 숙지하고 있어야 하며 이를 위해 사전에 공지해야 한다.

　준비된 컨틴전시 플랜이 시의적절하게 실행되고 실행 효과가 극대화되도록 운영되기 위해서는 무엇보다 경영진 리더십이 중요하다. 기관장을 포함한 경영진이 직접 회의를 주재하여 처(실)장을 압박할 필요도 있다. 위기상황에서 새로운 돌파구를 찾아야

할 상황에서는 평상시 사고로는 해결방안을 찾기 힘들므로 비상
상황의 충격요법이 필요하기 때문이다.

모니터링과 위기 상황의 컨틴전시 플랜은 아래 〈표2-10〉을 참
조하여 계획할 수 있다.

**〈표2-10〉 모니터링 및 컨틴전시 플랜(예시)**

| 구분 | | 점검시기 | 기준일 | 점검대상 |
|---|---|---|---|---|
| 모니터링 | 1차 점검 | 7.20.~7.31. | 6월 말 | 연말전망, 실적분석 |
| | 2차 점검 | 10.20.~10.30. | 9월 말 | 연말전망, 실적분석 |
| | 3차 점검 | 12.1.~12.10. | 11월 실적 | 연말전망, 실적분석 |
| | 4차 점검 | 1.10.~1.20. | 12월 말 | 목표 대비 실적 |
| | 증빙 점검 | 2.10.~2.20. | | 최종보고서 수치 |
| 컨틴전시 플랜<br>(Contingency<br>Plan) | • 1단계: 목표대비 5% 미만 하락 전망<br>  – 임원 주재 대책회의: 하락지표 정밀분석, 실적 재전망, 향후대책보고<br>  – 참석대상: 하락지표 처(실)장 및 부서장<br>• 2단계: 목표대비 5~10% 미만 하락 전망<br>  – CEO 주재 대책회의: 부진지표 만회대책수립, 향후대책 보고<br>  – 참석대상: 계량지표 담당 처(실)장<br>• 3단계: 목표대비 10% 이상 하락 전망<br>  – CEO 주재 대책회의: 상승여력 재분석, 지표별 향상대책 보고<br>  – 참석대상: 경영평가 대응 전 구성원 | | | |

## 라. 과거실적을 넘어 미래를 대응하라

매년 12월 31일이 되면 1년간의 계량지표 실적이 마감된다. 기
관은 연초부터 경영평가와 내부성과평가 계량지표를 연계하여
목표를 설정하고 관리계획을 수립하고 모니터링을 통해 목표달성

을 위해 노력해왔다. 하지만 12월 31일을 지나는 순간부터 더 이상 실적향상을 위한 노력은 진행할 수 없으며 실적 집계만 가능하다. 이제 계량실적은 과거가 되었다.

기관이 지금부터 할 일은 최고의 계량지표 실적이 확정되도록 노력하는 것이다. 즉 더 이상 어찌할 수 없는 계량실적은 과거가 되고, 최고의 계량실적으로 확정되도록 미래를 위해 대응해야 하는 것이다. 평가편람 산식에 따라 최종 계량실적을 확정시켜나가는 과정에서 기관이 유의해야 할 사항은 다음과 같다.

첫째, 오류 없이 계량지표 실적을 최종 확정한다.

계량지표 현장실사에서는 실적으로 제시된 숫자의 정확성을 확인하기 위한 증빙자료를 요구한다. 신뢰성 있는 증빙자료는 정보시스템출력자료, 고객문서, 회계법인 날인자료 등 제3자가 제공하는 믿을 수 있는 증빙자료다. 따라서 최종 계량실적을 확정할 때는 신뢰성 있는 증빙을 하나하나 대조해가면서 확정하도록 한다.

계량지표 중에서 계산과정이 복잡하고 평가위원 현장실사에서 자주 문제가 되는 지표 중 하나가 경영관리범주 '총인건비관리'이다. 대부분 기준초과 없이 잘 관리하고 있고 비상상황을 대비해 여유예산을 두기도 한다. 하지만 평균인원 산정과 인건비집계 등에서 복잡한 템플릿으로 작성하다 보니 실사 과정에서 오류가 발견되어 커다란 문제로 비화되는 사례도 종종 나타난다. 이는 총인건비지표에서 0점 처리되는 손해뿐 아니라 보수복리후생, 노사관계, 리더십 등 비계량지표에서도 이중으로 불이익당할 수 있다. 지난 2021년 경영평가 실사에서 '총인건비 인상율' 지표는

〈표2-11〉 총인건비 인상율 지표 오류 유형

| 구분 | 유형 | 기관수 | 오류내용 |
|---|---|---|---|
| 총인건비<br>집계 | 인센티브상여금<br>한도초과 | 27 | 인센티브상여금 한도를 초과하는 금액은 총인건비에<br>포함 |
| | 연월차수당 관련 | 12 | 현금지급액만 기재하고 연월차수당 발생액을 미반영<br>하는 오류 |
| | 평균단가 불일치 | 9 | 템플릿(3)의 실집행 총인건비와 템플릿(3-4)의 총계<br>불일치 |
| | 잡급 등의<br>총인건비 제외 | 5 | 인센티브를 제외한 순액이 아닌 총액을 총인건비에서<br>제외 |
| | 개인 지급 유가증권 | 3 | 상품권, 스타○○카드 등 개인귀속 유가증권 인건비에<br>불포함 |
| 평균인원<br>산정 | 월별 인원변동 | 27 | 템플릿과 검증양식의 월별 인원변동이 인사증빙과 불<br>일치 |
| | 직급별 정원 | 18 | 템플릿의 정원이 기재부 정원 또는 알리오 공시와 불<br>일치 |
| | 소수점 단위 | 16 | 평균인원 산정 시 소수점, 월별인원 판단 시 임의반올<br>림 등 |
| | 복직자 집계 | 12 | 복직 후 3년경과 미제외 또는 3년 미경과 제외 혹은<br>미기재 |
| | 급여대장 인원<br>불일치 | 12 | 인원을 1명이 아닌 소수점으로 기재하여 강제로 현원<br>과 일치시킴 |
| | 1월 초 인원집계 | 9 | 퇴사, 승진 등의 1월 초 혹은 1월 중 반영 시점 |
| | 증원소요인건비<br>대상인원 | 4 | 전기실사 미반영 등으로 인한 전기 대상인원 불일치 |
| 임금<br>피크제 | 별도정원 인원 | 22 | 별도정원 부여받은 인원이 템플릿과 불일치 |
| | 최하위직급<br>미승진자 효과 | 10 | 최하위직급 오류로 인한 미승진자 평균인원 산출 오류 |

(출처: 2021년도 실적 평가결과 설명 등을 위한 간담회 자료, 22.7.15.)

130기관이 인원오류, 56기관이 금액오류를 지적당했다. 당시 발생한 주요 오류유형을 〈표2-11〉에 정리하였다.

둘째, 통제할 수 없는 불가피한 상황에서 실적보정을 신청한다.

기관을 둘러싸고 있는 불가피한 경영환경 변화로 계량실적 파악이 불가능하거나 평상적 범위를 벗어나는 상황을 맞이할 수 있다. 이런 경우 평가편람 상의 '통제불능성판단'에 해당하는지 검토할 필요가 있다. 검토결과 명확히 해당된다면 보정신청 하도록 한다. 평가위원은 지속가능성, 예측성, 반복성, 경영성과에 미치

• 보정 전·후 실적개요

| 연도 | | 평가 산식 | 평가 방법 | 목표치 또는 기준치 | 실적치 | 평점 | 가중치 | 득점 |
|---|---|---|---|---|---|---|---|---|
| '00년 | 실제 | | | | | | | |
| | 결측/보정 | | | | | | | |
| '00년 | 실제 | | | | | | | |
| | 결측/보정 | | | | | | | |
| '00년 | | | | | | | | |
| '00년 | | | | | | | | |

• 보정 근거
• 보정 사유 및 실적 산출내역

(출처: 2021년도 경영실적보고서 작성지침)

〈그림2-4〉 보정사항 요청양식

는 중요성 등을 종합적으로 고려해 통제불능성을 판단할 것이다. 따라서 기관 신청내용이 타당하다면 수용가능성이 있으니 적극적으로 접근할 필요가 있다. 보정신청은 〈그림2-4〉와 같은 서식으로 진행한다.

셋째, 보정신청 수용가능성을 높이기 위해 전략적으로 대응한다.

기관이 신청한 보정사항이 평가단에서 수용되도록 하기 위해 어떠한 노력을 기울여야 할까? 이를 알아보기 위해 평가위원이 계량실적을 어떤 기준으로 평가하는지 먼저 확인해볼 필요가 있다. 21년도 기준으로 경영관리계량평가에 제시된 평가위원의 '계량평가원칙'은 다음과 같다.

- 평가기준과 편람의 엄격한 해석을 통해 객관성을 최대한 확보하고 기관, 유형간 일관성 있게 평가
- 통제불능성판단을 엄격히 적용하여, 정부정책, 시장상황 등 경영환경 변화에 따른 영향을 합리적으로 고려하여 기관 간 형평성 제고
- 편람규정의 다의적 해석 가능부분은 사전 팀장회의 논의, 가이드라인 기준으로 모든 기관 일관되게 적용

(출처: 2021년도 실적 평가결과 설명 등을 위한 간담회 자료, 22.7.15.)

평가원칙에 객관성, 일관성, 엄격한 적용, 기관 간 형평성 등이 키워드로 나타난다. 특히 통제불능성판단은 기관 간 형평성 제고 차원에서 엄격히 적용되고 있음을 확인할 수 있다. 그렇다면

기관은 어떠한 방향으로 수용가능성을 높이려는 노력을 기울일 수 있을까?

상황에 따라 접근방식이 달라야 한다. 전략적 접근을 위해 우선 처해 있는 상황부터 판단할 필요가 있다. 기관이 하고자 하는 보정신청이 타 기관도 해당되는 공통사항인지 아니면 기관만의 개별사항인지부터 확인해야 한다. 그 결과에 따라 다음의 두 가지 방식으로 노력을 기울일 수 있다.

먼저 여러 기관이 동일한 문제를 갖고 있는 상황이다.

이런 경우는 성과관리부서가 중심이 되어 동일문제를 가진 여러 기관의 상황정보를 파악한다. 기관의 신청논리와 파악한 정보를 검토해서 최종적인 보정신청 논리를 확정한다. 그리고 같은 문제를 가진 타 기관과 신청논리를 함께 공유하고, 동일논리로 보정신청 하도록 협의한다. 여러 기관이 동일논리로 보정신청함으로써 수용가능성을 높일 수 있다.

다음은 기관만의 개별적 문제를 갖고 있는 상황이다.

이 경우는 현장실사에서 합리적이고 타당한 주장으로 평가위원을 직접 이해시켜야 한다. 이를 위해 신뢰성이 있는 증빙자료를 준비하는 것이 필수다. 계량지표 실사는 대부분 공인회계사 직업을 가진 평가위원이 하는 경우가 많다. 공인회계사는 숫자에 대한 전문가이기 때문에 기관이 주장하는 숫자가 타당하다고 인정하면 수용될 가능성이 높다고 본다. 현장실사에서 평가위원이 이해하면 이후에 평가팀 회의에 상정하여 형평성과 일관성 등에 대한 추가논의가 진행된다. 명확한 사안이면 간단히 결론 날 수도 있지만, 이해관계가 복잡한 사안이면 최종적으로 공운위를 통해 확정된다.

기관입장에서 보정신청을 하면 혹시라도 경영평가에서 다른 측면의 불이익을 받지 않을까 걱정하는 경우가 있다. 그러한 걱정은 기우(杞憂)라고 본다. 보정사유만 타당하다면 적극적 보정신청이 바람직하고, 최근 경영평가 트렌드는 공공기관의 평가 수용성을 고려해서 이의신청에 대해 부정적이지 않은 분위기다.

▶ **계량실적 상승 없는 우수등급은 없다**

　– 계량지표 가중치가 유형별 51.5~52.5로 평가지표의 절반 이상을 차지한다.

　– 기관 스스로 계획적으로 관리해 나갈 수 있는 영역이므로 중요하다.

　　• 계량목표 달성을 체계적으로 관리하는 것은 경영평가 준비의 기본이다.

　– 지난 4년간 점수변동 평균의 크기가 가장 큰 지표가 주요사업 계량지표이다.

　　• 사업계량(1.703)〉사업비계량(1.516)〉경영비계량(1.496)〉경영계량(1.199)

　– 우수등급을 받기 위해서는 기본적으로 계량지표 실적관리가 되어야 한다.

▶ **내부성과평가 목표와 연계부터 시작하라**

　– 계량지표 실적관리는 내부성과평가 계량지표와 100%연계부터 시작한다.

　– 2분기 내에 내부조직 단위 계량지표 달성목표를 부여한다.

　– 조직단위 연말기준 달성수준을 전망하고 관리계획을 수립한다.

　– 관리계획을 종합하여 연간 계량지표 득점수준을 분석한다.

▶ **위기상황 컨틴전시 플랜을 준비하라**

　– 7월, 10월, 12월에 연말전망과 실적분석으로 진행과정을 모니터링 한다.

　– 위기상황에 대응할 수 있는 컨틴전시 플랜을 사전에 계획한다.

　– 실행기준, 주관조직, 참석대상, 보고내용 등에 대해 명확하게 정의한다.

　– 관련조직 구성원이 컨틴전시 플랜을 숙지할 수 있도록 공유한다.

▶ **과거실적을 넘어 미래를 대응하라**

　– 신뢰성 있는 증빙으로 하나하나 대조해가면서 실적을 확정한다.

　– 오류 없이 계량지표 실적을 최종 확정한다.

　– 통제할 수 없는 불가피한 상황에서는 보정신청 한다.

　– 보정신청 수용가능성을 높이기 위해 전략적으로 대응한다.

　　• 동일한 문제를 가진 기관과 연합해서 같은 논리로 보정신청 한다.

　　• 기관만의 문제는 현장실사에서 신뢰성 있는 증빙과 논리로 이해시킨다.

## 가. 평가 서막을 알리는 기관설명회

### 임팩트 있는 기관 첫인상을 심어라

매년 3월 초 기재부 등에 경영실적보고서를 제출하면 보통 다음 주에 기관설명회가 개최된다. 특정장소에 전 기관이 집결해 기관별 약 1시간 이내로 경영관리와 주요사업 범주에 대해 기관 설명회가 진행된다. 최근 2년간은 코로나19 영향으로 온라인을 통해 기관소개와 경영실적을 개략적으로 평가위원에게 설명하였다. 경영평가에서 기관설명회가 중요한 이유는 평가위원에게 기관의 첫인상을 심어주는 자리이기 때문이다. 기관은 이에 대응하는 철저한 준비가 필요하며 유의해야 할 사항은 다음과 같다.

### 1단계 참석계획 수립

기재부는 기관설명회에 기관의 처(실)장이 참석하도록 안내한다. 기관은 설명을 잘할 수 있는 처(실)장 중심으로 참석자를 선정하고 역할 분담계획을 사전에 수립한다. 먼저 고려할 부분은 '기관을 인상 깊게 설명할 대표참석자 선정'이다. 기관의 경영진 한 명이 참석하여 평가위원에게 기관을 대표하여 첫인사하는 것도 고려해 볼 만하다. 참석자는 지침을 준수하여 처(실)장 이상으로 구성한다. 전략적으로 여성인 경영진이나 처(실)장을 다수 포함한다면 양성평등과 기회균등 등의 정부 정책에 부응하는 기관의 차별화된 모습을 보여줄 수 있다.

### 2단계 설명회자료 준비

기관설명회는 경영실적보고서 기준으로 진행하기 때문에 경영평가단에서 특정 형식의 설명자료 요구는 없다. 짧은 시간에 성과를 임팩트 있게 전달하고 싶은 기관 욕심에 자체적으로 만드는 것이 설명회 자료다. 자료 만드는 시작단계에서 '무엇을, 어떻게' 설명할지부터 먼저 생각할 필요가 있다. 그런 후에 평가위원에게 내용이 잘 전달되도록 구성하는 방식을 고민한다. 특별히 정해진 형식이 없으므로 〈표2-12〉의 내용과 같이 기관의 일반현황, 경영관리와 주요사업 우수성과 등을 포함하여 기관만의 차별적인

**〈표2-12〉 기관설명회 자료 내용**

| 구분 | 내용 |
|---|---|
| 일반현황 | 경영현황, 조직 및 정원, 재무현황, 경영목표, 대외수상 및 인증성과 |
| 경영관리 우수성과 | 리더십, 전략기획 및 경영혁신·····················혁신계획 실행노력·성과 |
| 주요사업 우수성과 | 주요사업 총괄표<br>주요사업 우수성과(A사업, B사업, C사업)<br>주요사업 지표구성의 적정성<br>주요사업 계량지표 |

설명회자료를 만들면 된다. 설명회자료는 처음 만난 평가위원에게 기관에 대한 이미지와 우수성과를 간략하고 임팩트 있게 전달하는 목적으로 만든다.

### 3단계 기관설명회 참석

기관설명회는 기관과 평가위원이 처음 만나는 자리인 만큼 긴장감과 어색한 분위기로 보통 시작된다. 평가위원 팀장의 사회로 기관설명회 서막이 열린다. 기관 대표참석자가 첫 인사와 함께 모두발언을 한 후 동반 참석자를 소개한다. 관료적이고 딱딱한 분위기보다 긍정적인 미소와 적극성 있는 답변으로 밝은 분위기를 조성하는 것이 좋다. 또한 기관이 자랑하고 싶은 베스트프랙티스를 평가위원에게 인상 깊게 심어줄 필요가 있다. 첫 만남에서 갖게 되는 초두효과는 평가위원 머릿속에 대략적인 기관의 평가등급이 그려질 수 있기 때문이다. 기관설명회가 기관별로 순차적으로 진행되기 때문에 여러 기관이 자연스럽게 상대비교 되며, 성과나 대응태도와 자세에 대해 특이점이 있으면 바로 눈에 띄게 된다.

현장에서 대면하여 진행하는 기관설명회에서 놓치지 말아야 할 것이 하나 더 있다. 평가위원이 질문하고 관심 갖는 관심지표를 유심히 살펴볼 필요가 있다. 평가팀 내 평가위원은 평가지표별(주요사업은 기관별 분담)로 중심역할과 공동역할로 분담해 평가를 진행하는 경우가 많다. 여기서 평가위원 관심지표를 잘 파악해두면 여러 가지 이점이 있다. 향후 중심역할지표담당 평가위원에게 전략적으로 대응할 수 있고, 지표성과를 집중해서 어필할 수 있다. 약 1시간 동안 기관에 대한 설명과 질의응답 후에 기관설명회가 종료된다.

| (1단계)<br>참석계획 수립 | 대표/참석자 선정 역할분담(인사/설명/마무리) |
| --- | --- |

⬇

| (2단계)<br>설명회 자료 준비 | 설명회 자료 작성(기관소개, 핵심성과 등) |
| --- | --- |

⬇

| (3단계)<br>기관설명회 참석 | 모두/마무리 발언, 기관설명회 관심지표 파악 |
| --- | --- |

**〈그림2-5〉 기관설명회 과정**

## 보충자료로 평가위원 편의를 도모하라

기관설명회가 종료된 후에는 발 빠른 후속조치가 필요하다. 평가위원이 설명회에서 추가로 요청한 자료에 신속하게 대응해야한다. 우편, e-메일로 제출하거나 여건이 허락된다면 방문하여설명하는 것도 좋다. 적극적으로 대응하는 기관이미지 어필에 도움 될 것이다. 또한 평가위원의 평가과정 편의를 위해 경영실적보고서에 대한 보충자료를 제공할 수 있다. 여기서 보충자료는 매년평가에서 평가위원이 필수적으로 확인하는 사항을 일목요연하게 정리한 자료를 말한다. 즉 지적사항개선사항, 언론노출부정기사 등에 대해 평가위원이 신속하게 검증할 수 있는 자료를 제공하는 것이다. 기관설명회에서 파악된 중심역할지표담당 평가위원에게 제공하면 된다. 아래 〈표2-13〉을 참조하여 기관특성에 맞게 작성하며, 경영관리범주는 평가지표 수가 많아 지표별로 구분하여 작성하는 것이 활용하기 용이하다.

〈표2-13〉 보충자료 내용(예시)

| 경영관리 범주 | 주요사업 범주 |
|---|---|
| • 지표별 베스트 프랙티스<br>• 전년도 지적사항 개선실적<br>• 대내외 소통노력과 성과<br>• 대외포상 및 인증현황<br>• 정부정책 이행과 사회적 이슈 관련 주요기사<br>• 부정 언론기사 소명 | • 주요사업별 베스트 프랙티스<br>• 계량지표 구성의 적정성과 도전성 종합표<br>• 계량지표 설명 및 실적분석<br>  – 지표설명, 지표구성적정성 및 도전성, 실적분석<br>• 주요사업 계량성과 요약<br>• 전년도 지적사항 개선실적 |

## 나. 4시간 실전대응 40시간을 훈련하라

### 흘린 땀만큼 실사가 완벽해진다

기관설명회가 종료된 직후에 기재부는 기관별 현장실사 일정을 통보한다. 3월 중순에서 4월까지 진행되며 기관은 이에 대한 철저한 대응계획을 수립해야 한다. 대응계획에는 현장실사에 대비하여 경영실적보고서를 학습하고 예상되는 질문에 대해 논리적으로 답변할 수 있도록 훈련하는 내용을 포함한다. 현장실사는 경영관리(A/B팀)와 주요사업(계량포함)범주로 나누어 각각 4시간씩 진행된다. 경영평가에서 현장실사는 아주 중요한 과정이므로 기관이 10배 이상의 시간과 노력을 대응준비에 투자하라고 권한다. 준비과정은 예상질의서 준비, 자체 모의실사, 전문가 모의실사, 실전 모의실사 등 4단계로 나누어 진행할 수 있다. 단계별 10시간 정도를 훈련한다면 총 40시간 이상을 준비시간으로 투자하게 될 것이다. 단계별 세부적으로 준비해야 할 내용은 다음과 같다.

### 1단계   예상질의서 준비

경영실적보고서 기준으로 평가위원 질문이 예상되는 내용을 사전에 기관 자체적으로 만들어보는 단계다. 보고서 작성은 실무자 중심으로 했더라도 이 순간부터는 처(실)장 시각에서 접근하는 것이 필요하다. 평가위원이 질문할 정도의 예상문제를 뽑는 거라면 처(실)장이 접근해야 더 실제에 근접할 수 있기 때문이다. 기관설명회에서 평가위원이 중요하게 질문한 사항과 연관된 내용을 우선 고려하여, 지표나 사업단위로 중요한 질문 5개 내외를 뽑아낸다. 예상질의 개수는 기관특성에 따라 정한다. 특히 주요사업은 계량지표구성적정성과 목표도전성에 대해 논리적인 주장과 근거자료에 대한 예상질의에 대비할 필요가 있다.

**2단계**　자체 모의실사

1단계의 예상질의서를 기반으로 자체 모의실사를 해보는 단계다. 부서장급이 가상 평가위원이 되어 질문하고 처(실)장이 답변하는 방식으로 진행한다. 처음 시작하는 모의실사이고 현장실사가 아직 많이 남은 상황이며 자체 진행인 점 등으로 긴장감이 떨어질 수 있다. 큰 기대보다는 워밍업하며 현장실사 분위기를 조성해가는 데 의미를 둔다.

**3단계**　전문가 모의실사

현장실사 1~2주 전 시점에서 경영평가 경험이 있는 외부전문가를 초빙하여 모의실사를 진행하는 단계다. 경영평가에서 팀장 이상 경험을 가진 전문가로 진행한다면 모의실사 효과를 배가할 수 있다. 전문가 모의실사는 경영실적보고서를 기준으로 사전정보 없이 즉흥적인 질문으로 진행되기 때문에 실제 생각을 정확하게 답변하는 훈련이 된다. 경험을 바탕으로 핵심내용에 대한 질문이 이어지기 때문에 실전을 준비하는 데 유용한 과정이다. 또한 기관이 가진 약점에 대해 답변하는 방법과 논리를 컨설팅 받는 기회로 활용할 수 있다.

**4단계**　실전 모의실사

경영평가단은 현장실사 7영업일 전에 경영평가시스템을 통해 체크리스트를 기관에 통보한다. 기관은 체크리스트 답변자료를 작성하여 실사 2영업일까지 경영평가시스템에 업로드한다. 현장 실사는 체크리스트 기반으로 질의응답이 진행되며 돌발질문도 나올 수 있다.

실전 모의실사는 체크리스트를 기준으로 진행하며 실사 전날에 시행하는 것이 효과적이다. 최종 평가단에 제출한 체크리스트 답변자료를 기반으로 진행할 수 있기 때문이다. 다음 날 실사에 대비하는 만큼 실제와 동일한 환경에서 처(실)장을 질문자로 선정해 긴장감 속에 진행하기를 권장한다. 마지막 실전 모의실사의 핵심은 전달력에 집중하는 실전훈련이다. 평가위원 체크리스트와 답변내용이 확보된 상태에서 얼마만큼 평가위원이 이해되도

| (1단계)<br>예상질의서 준비 | 평가지표/주요사업별 예상질의서 작성 | 현장설명회 이후 |
| --- | --- | --- |
| (2단계)<br>자체 모의실사 | 자체 예상질의서 중심 모의실사 | D-day(현장실사)<br>2~3주 전 |
| (3단계)<br>전문가 모의실사 | 유경험 평가위원 중심 모의실사 | D-day<br>1~2주 전 |
| (4단계)<br>실전 모의실사 | 실사 체크리스트 중심 모의실사 | D-day<br>1일 전 |

〈그림2-6〉 현장실사 준비단계

록 설명할 수 있는가를 훈련하는 것이 핵심이다. 논리적 답변, 쉬
운 용어선택, 현장(유사)사례 등을 활용해 평가위원을 이해시키
는 표현 연습에 집중할 필요가 있다.

## 모의실사 의미와 효과를 극대화하라

경영평가를 받고 있는 대부분 공공기관은 현장실사 준비를 위
해 모의실사 방식을 활용한다. 사전에 현장실사를 가상으로 경험
함으로써 실제 의사전달 능력을 높이고 답변자의 심리적 긴장감
을 완화시키고자 하는 목적이다.

다음 몇 가지 유의사항을 고려한다면 모의실사 효과를 보다
극대화할 수 있다.

첫째, 전문가 모의실사는 실제와 동일한 평가위원 역할이 중
요하다. 정부 경영평가를 수차례 경험했거나 특히 최근에 경험이
있는 전문가라면 최상일 것이다. 평가팀장 이상을 경험했다면 보
다 폭넓은 관점에서 전문가 모의실사를 진행할 수 있다.

둘째, 실제 실사와 동일 환경에서 진행해야 한다. 모의실사라
고 장난스럽거나 긴장감 없는 분위기에서 진행하면 효과가 반감
된다. 반드시 처(실)장이 참석하여 시작 첫인사, 지표별 배정시간,
평가위원 호칭, 답변방식까지 실제와 동일하게 진행한다. 그러기
위해 경영진이 함께 참여하는 것도 필요하다.

셋째, 기관이 가진 민감한 사안에 대한 답변 방향이나 자랑하

고 싶은 핵심성과를 어떻게 주장할지에 대한 컨설팅 기회로 활용한다. 기관입장에서 답변하기 어려운 내용을 정리하여 사전에 외부전문가에게 제공한 후에 모의실사에서 답변 방향과 논리, 방식을 훈련할 수 있도록 한다. 또한 기관이 주장하는 핵심성과에 대해 외부시각에서 타당한지 검증에 활용한다면 보다 의미 있는 모의실사가 될 것이다.

## 다. 평가의 하이라이트 현장실사

### 감사 NO, 현장실사에서 어필하라

현장실사는 평가위원과 직접 대면하여 1년간의 기관성과를 평가받는 자리이므로 경영평가에서 하이라이트라 할 수 있다. 경영관리범주 비계량 4시간, 계량 12시간, 주요사업범주 계량과비계량 4시간 등 세 분야로 나누어 현장실사가 진행된다. 주요사업범주는 현장을 보면서 평가한다는 측면에서 방문실사로 진행되고, 경영관리범주는 집체실사로 진행된다. 코로나19 영향으로 2019~2021년도 평가는 화상실사로 진행되었으며, 확인할 수치자료가 많은 경영관리 계량실사만 방문실사로 진행되었다. 기관은 기재부가 통보한 현장실사 일정에 따라 실사대응계획을 수립한다. 참석자, 역할분담, 자료준비, 답변요령 등의 세부계획을 수립하여 참석자들과 공유한다. 특히 경영관리비계량평가는 지표

그룹별로 나누어 진행되므로 참석자가 중복되지 않고 답변이 가능하도록 세밀한 계획을 수립해야 한다.

### 1단계 현장실사 대응계획 수립

현장실사 일정이 확정되면 기관은 세부적인 대응계획을 수립한다. 계획수립은 실사장소에서 기관의 참석자들이 우왕좌왕하지 않고 자신감과 일체감 있게 대응하기 위함이다. 대응계획수립에 포함되어야 할 기본적인 내용은 다음과 같다.

---

- 현장실사 개요: 범주별(경영관리/주요사업) 일시, 장소, 평가위원, 참석대상
- 범주별 현장실사 세부대응 계획
  - 주요사업: 1부, 2부, 계량실사 등 시간대별 세부일정과 내용, 참석자 등
  - 경영관리: 기관장 인터뷰, 1부 A팀/B팀, 2부 A팀/B팀 등 시간대별 세부일정과 내용, 참석자 등
- 수검요령: 사전 준비사항, 진행방식, 좌석배치도, 유의사항, 공지사항 등

---

### 2단계 수검요령 교육

성과관리부서는 현장실사 하루 전에 참석자를 불러 모아 수검요령을 교육한다. 실사시작부터 종료까지 전 과정을 참석자가 충분히 이해하도록 준비사항, 진행방식, 답변요령, 유의사항을 안내한다. 참석자는 교육받은 수검요령을 잘 숙지하고 몸으로 체득하도록 한다. 수검요령 교육에 포함되어야 할 내용은 다음과 같다.

92

- 사전준비 안내
  - 실사일 30분 전 실사장소에 입실하여 대기할 것, 좌석배치도 사전 숙지할 것
  - 참석자 정장복장, 배지와 명찰을 착용할 것
  - 인사말, 모두발언, 마무리발언에 대해 역할분담대로 준비할 것
  - 평가위원 체크리스트 답변 자료와 증빙자료를 지참할 것
  - 체크리스트에 없는 현장질문에 대비한 보충자료도 지참할 것
- 진행방식 안내
  - 사전 통보된 『체크리스트』 기반으로 브리핑 없이 질의응답 방식으로 진행
  - 체크리스트 답변자료 확인 이외에도 추가적인 질의응답 가능
  - 평가위원 팀장 사회로 순차적 1~3개씩 질문하는 방식으로 진행
  - 실사 중 추가요구 자료는 『실사 후 2 근무일』 이내 경영평가 포털에 등록해야 함
- **\*답변요령** 안내: 1차 답변은 처(실)장 답변 원칙, 2차 세부사항 답변은 부(차)장이 답변 가능
- 참석자 유의사항
  - 음성이 겹치지 않도록 반드시 평가위원 질문이 끝난 후 답변할 것
  - 두괄식으로 답변할 것(예시: 먼저 결론을 언급한 후 근거 설명)
  - 답변 시 자료명칭과 Page를 먼저 제시한 후 설명
  - 배석자가 없으므로 참석자가 100% 답변해야 함에 유의하여 준비
  - 답변이 어려울 경우 『지표/사업별 주담당 처장이 추후 보완 제출』로 양해를 구할 것

---

## \* 답변요령(사례)

▶ 수검 시작과 종료 시에 참석자 중 대표자가 인사말

- (시작 시) "안녕하십니까. ○○본부(처, 실)장 ○○○입니다. 경영평가 현장실사에 앞서 잠시 기관 참석자를 소개드리겠습니다. (제 왼쪽, 오른쪽부터) ○○처장 ○○○입니다."

- (종료 시) "지금까지 저희 기관을 실사하느라 고생 많으셨습니다. 답변 드린 내용이 평가하시는 데 도움이 되었기를 바랍니다(말씀하신 내용들을 경영에 잘 반영할 수 있도록 노력하겠습니다). 감사합니다."

▶ 답변 시에는 반드시 본인을 먼저 소개: "○○처장 ○○○입니다."(처음만 소개, 이후 생략)

▶ 질의응답 시 "위원님" 호칭을 사용: "위원님의 질의에 대해서 답변 드리겠습니다."

▶ 감사가 아니므로 위축되지 말고 적극 답변(사실여부 확인과정이므로 감사와 다르다)

- 예의 갖추고 성실하고 자신있게 답변, 사무적으로 느껴지지 않게 답변, 부드러운 분위기 유도

▶ 전문용어 사용 지양, 사례위주 제시와 쉬운 용어로 최대한 이해하기 쉽도록 설명

- 기관 業 관련 전문용어는 국민이 이해할 수 있는 용어로 답변, 용어집 제작 사전배포 고려

▶ 평가위원 질문을 충분히 경청한 후에 핵심내용 위주로 답변
  - 30초를 넘기 않고 두괄식으로 명료하게 답변하며, 동문서답식이나 장황한 설명 주의
  - 질문이 이해되지 않았을 경우 질문사항을 다시 한번 확인한 후 답변
  - 처(실)장이 핵심사항 우선 답변 후 보충설명이 필요한 경우 부장 또는 실무자가 추가답변
  - 답변이 어려울 경우 전체 당위성에 대해 간략히 설명 후 상세내용은 서면으로 설명드리겠다고 답변
▶ 미처 준비 못한 질의나 자료요구가 있을 때는 양해를 구하고 추후 제출
  - 인원 제약상 해당부서장이 참석하지 못해 서면으로 추가 제출하겠음
▶ 평가위원과 논쟁하지 말 것, 평가위원이 잘못 이해하거나 다른 시각에서 문제 제기해도 직접 논쟁하기보다 사실관계 보충 설명과 추가 자료로 이해시키는 것이 타당
  - "위원님의 의견에 대해서 미처 생각하지 못하였는데, 추후 검토하여 반영하겠습니다."
  - "우리도 같은 고민을 하였으나, 정부정책(내부검토 의견 등)에 따라 ○○를 최우선적으로 판단하여……"
  - "위원님 말씀하신 내용도 옳다고 생각합니다. 그런데 ~한 문제도 있으므로 추후 더 검토해 보겠습니다."
▶ 실사에서 평가위원 요청자료가 누락되지 않도록 기록
▶ 주요성과를 어필하는 마지막 기회로 활용
▶ 계량성과와 수치 관련실적은 구체적이고 충분한 근거자료를 기반으로 답변


### 3단계  현장실사 수검

드디어 경영평가 현장실사가 시작되었다. 기관에 통보되었던 체크리스트를 기반으로 실사가 진행된다. 평가위원 팀장 사회로 평가위원별 1~3개씩 순차적으로 질문하고 답변하는 방식으로 진행된다. 실사와 관련 녹화 및 녹음은 금지되며 추가요청 자료가 있는 경우 실사 후 2근무일 이내에 경영평가포털에 등록해야 한다.

앞서 말했듯이 경영평가의 하이라이트는 평가위원과 마주보며

질의응답하는 현장실사다. 평가위원 질의에 답변하고 대응한 성과가 평가결과에 직접적으로 영향을 미치기 때문이다. 만일 실사 장소에서 조차 기관성과를 평가위원에게 제대로 이해시키지 못한다면 좋은 결과를 기대하기 힘들 것이다. 따라서 참석자는 논리적인 주장과 객관적인 증거에 기반해서 답변해야 한다. 또한 참석자의 긍정적이고 적극적인 답변자세와 태도는 정확한 답변 이상으로 기관과 평가위원 간의 공감을 통해 평가결과에 영향을 줄 수 있다.

현장실사에 대응하며 잊지 말아야 할 것이 하나 더 있다. '평가는 감사가 아니다. 적극적으로 어필하라'라는 마음가짐이다. 공공기관이 내·외부 감사가 많다 보니 답변 과정에서 심사숙고를 거듭하고, 앞장서 답변하기보다 누군가 대신해주기를 바라는 경향이 있다. 이런 분위기는 소극적이고 수동적인 모습으로 비춰질

| (1단계)<br>현장실사 대응계획 수립 | 실사개요/모의실사/현장실사 계획 등 | 실사일 확정 직후 |
|---|---|---|
| (2단계)<br>수검요령 교육 | 사전준비, 답변요령,<br>참석자 유의사항 등 | D-day 전일 |
| (3단계)<br>현장실사 수검 | 능동적, 적극적 어필<br>객관적, 논리적 답변 | D-day |

〈그림2-7〉 현장실사 과정

수 있다. 감사와 경영평가는 다르다. 경영평가는 성과의 가치를 더 인정받으려는 적극적인 자세가 평가위원 마음을 사로잡을 수 있다. 동일 성과라도 인정의 크기가 달라질 수 있는 '보이지 않는 공감영역'이 있는 것이다.

### 끝이 좋으면 다 좋다, 감사하게 마무리하라

"All's Well That Ends Well."이라는 독일 격언이 있다. 비록 과정이 미흡하더라도 결과가 좋으면 다 좋다는 의미다. 현장실사 종료가 5분 정도 남게 되면 마무리단계로 들어간다. 평가위원 팀장이 기관에게 마무리발언 기회를 주는 것이 보통의 경우다. 마지막 5분을 임팩트 있게 잘 마무리하는 방법으로 다음 세 가지 정도를 생각할 수 있다.

첫째, 기관이 자랑하고 싶은 내용을 조심스레 언급한다. 성과를 충분히 어필하지 못했다면 추가 발언을 통해 설명하고, 추가적인 자료를 제출하겠다는 양해를 구한다.

둘째, 평가수검 소회를 밝힌다. 금일 평가를 통해 기관 경영에 도움 되는 많은 부분을 느낀 점과 더불어 오늘 배운 점을 기회의 발판으로 삼아 보다 발전하는 기관으로 거듭나겠다는 의지를 밝히는 것이 중요하다.

셋째, 기관평가를 위해 고생한 평가위원에게 감사 인사를 드리는 것도 잊어서는 안 된다. 실사에서 긴장된 분위기와 서로의 입장 차이로 설전이 오갈 수도 있지만, 마지막 만큼은 감사한 마음으로 마무리해야 한다.

이렇게 40시간을 힘들게 노력하며 준비했던 현장실사가 드디어 마무리된다.

## 라. 끝날 때까지 끝난 게 아니다

### 추가 자료에 목숨 걸자

현장실사가 종료되면 수개월 동안 험난했던 보고서 작성과 기관설명회, 40시간의 준비과정에서 힘들었던 피로가 한꺼번에 몰려오며 긴장이 풀어진다. 하지만 경영평가는 아직 끝나지 않았다. 현장실사에서 평가위원이 요청한 자료에 적극적인 마지막 대응이 필요하다. 현장실사에서 요청한 자료는 기관의 평가결과에 영향을 미치는 중요한 사안일 가능성이 높다. 즉 기관의 답변내용은 상황에 따라 우수성과나 지적사항에 포함될 가능성이 높은 것이다. 이것은 기관의 최종평정에 영향을 미칠 개연성이 크다는 것을 의미하므로 마지막까지 최선을 다해야만 한다.

기관은 평가위원이 왜 추가로 자료를 요청하는지 먼저 원인을 파악해야 한다. 기관이 제시한 베스트프랙티스와 관련한 자료라면 사실여부나 성과의미의 진위여부를 확인하는 측면이므로 신속하게 대응한다. 하지만 부정내용에 대한 자료요청이면 제출 전에 다양한 시각에서 검토할 필요가 있다. 즉 평가위원 의도를 먼저 파악한 후 제기된 문제의 본질에 대해 객관적증거로 논리적인 주장을 해야 한다. 특히 요청내용에 대해 핵심만 정리하여 제출하도록 한다. 자칫 핵심을 벗어나는 장황한 자료를 제출하거나 혹은 미제출 시 기관에 대해 비협조적이고 신뢰할 수 없는 부정 이미지를 가지게 될 우려가 있으므로 유의해야 한다.

또한 48시간 이내에 경영평가포털에 자료를 등록했을지라도 평가위원을 직접 방문하여 충분한 내용설명을 하는 노력도 필요하다. 평가위원이 추가로 제출한 자료를 명확하게 이해하도록 하기 위함이다. 혹시라도 이해 부족으로 잘못된 지적사항이 발생하지 않도록 마지막까지 노력을 기울이는 것이다.

## 품격 높은 컨설팅에서 개선과제를 발굴하라

경영평가의 궁극적 목적은 공공기관이 경영효율성을 높이고 목적사업을 통해 대국민서비스를 개선하여 국가와 국민에 기여하는 것이다. 따라서 경영평가에서 평가위원이 제시하는 개선점이나 지적사항을 기관 발전에 적극 반영하는 것은 평가취지에 부합하는 일이다. 경영평가에 참여하는 평가위원은 각 분야의 최고 전문가로 구성된다. 경영, 행정, 경제, 안전, 환경, 다양한 기술영역 등에서 최고의 전문지식 보유자들이다. 경영평가단을 구성할 때는 다양한 전문성을 고려해 구성하며, 평가위원은 자기 전문

분야와 연관된 평가지표를 담당하게 된다. 평가위원의 전문식견은 현장실사에서 수준 높은 컨설팅과 개선권고로 제시된다.

평가위원이 "이 부분은 이런 방식으로 개선해 보시기 바랍니다." 또는 "이런 부분은 전년도 A기관 추진사례를 벤치마킹해보기 바랍니다." 등 개선 포인트를 제시하는 경우가 있다. 전문식견이 반영된 품격 높은 컨설팅으로 이해하면 된다. 평가위원 제시 내용을 꼼꼼히 기록해 두었다가 기관의 경영활동에 활용한다면 크게 도움 될 것이다.

대부분 현장실사가 종료되면 성과관리부서가 앞장서 후속조치를 이어간다. 현장실사에서 이슈로 떠올랐던 문제점과 평가위원이 컨설팅 차원에서 제시했던 개선 포인트를 목록으로 만들어 관련부서에 통보한다. 해당부서는 개선 포인트의 실행가능성을 세부적으로 검토하여 중요도와 소요기간 등을 고려해 장기와 단기의 개선과제로 발굴할 수 있다.

이런 과정을 통해 발굴한 개선과제는 두 가지 측면에서 중요한 의미를 갖는다. 차년도 경영평가에 대비한 개선성과 아이디어를 찾아낸다는 것과 외부시각의 전문컨설팅으로 개선의 가치와 의미가 클 것으로 기대되는 베스트프랙티스 아이디어를 발굴한다는 것이다. 기관 전체차원에서 실행계획을 수립하여 전략적인 추진을 고민할 필요가 있다.

## 소중한 인연을 이어가자

경영평가는 매년 시행된다. 필연적으로 공공기관과 평가위원은 평가자와 피평가자로 매년 만나게 된다. 1년 단위로 위촉되는 평가위원은 기재부에서 사전공모를 통해 평가위원 POOL을 구성한 후에 평가역량, 전문성, 윤리성 등 여러 검증과정을 거쳐 위촉된다. 한번 평가위원에 위촉되면 평가 연속성 측면에서 최장 3년까지 평가하는 것이 일반 관행으로 알려져 있다. 경영평가단의 평가위원은 매년 1~2월에 구성한다. 따라서 금년도 기관을 평가한 위원은 차년도에 다시 기관을 평가할 가능성도 충분히 있는 것이다. 5년 이상 장기로 보면 다시 만날 확률은 더 높아질 것이다. 즉 금년에 만난 평가위원이 기관에 대해 우호적인 생각을 갖도록 관계 유지를 위한 노력도 필요하다.

그렇다면 금년에 만난 평가위원과 어떻게 계속해서 소중한 인연을 이어나갈 수 있는가?

첫째, 평가위원 전문성을 기관이 활용하는 것이다. 기관이 경영활동을 하면서 직면하는 여러 문제의 개선방향에 대해 평가위원에게 고견을 구할 수 있다. 다만, 기관과 평가위원은 어떠한 형태로도 금전거래가 금지되기 때문에 금품을 대가로 지급하는 자문은 할 수 없다는 점은 유념해야 한다.

둘째, 기관의 우수한 핵심성과 정보를 지속적으로 제공하는 것이다. 기관의 경영활동 중에서 사회적 이슈와 관련된 개선성과나, 글로벌 경쟁을 통해 얻은 탁월한 경영성과 정보를 e-메일 레터 형태로 평가위원에게 제공할 수 있다. 이를 통해 기관이 수행하는 주요사업에 대한 긍정적인 이해도를 높일 수 있고, 우수 성과를 통해 국가와 국민에 기여하는 기관의 역할도 어필할 수 있다.

▶ **평가 서막을 알리는 기관설명회**

- 임팩트 있는 기관 첫인상을 심어라.
  - 1단계: 참석계획 수립
  - 2단계: 설명회자료 준비
  - 3단계: 기관설명회 참석
- 보충자료로 평가위원 편의를 도모하라.

▶ **4시간 실전대응 40시간을 훈련하라**

- 흘린 땀만큼 실사가 완벽해진다.
  - 1단계: 예상질의서 준비
  - 2단계: 자체 모의실사
  - 3단계: 전문가 모의실사
  - 4단계: 실전 모의실사
- 모의실사 의미와 효과를 극대화하라.
  - 전문가 모의실사는 실제와 동일한 평가위원 역할이 중요
  - 실제 실사와 동일한 환경에서 진행
  - 민감 사안 답변방향과 핵심성과 주장에 대해 컨설팅 기회로 활용

▶ **평가의 하이라이트 현장실사**

- 감사 NO, 현장실사에서 어필하라.
  - 1단계: 현장실사 대응계획 수립
  - 2단계: 수검요령 교육
  - 3단계: 현장실사 수검
- 끝이 좋으면 다 좋다, 감사하게 마무리하라.

▶ **끝날 때까지 끝난 게 아니다**

- 추가 자료에 목숨 걸자.
- 품격 높은 컨설팅에서 개선과제를 발굴하라.
- 소중한 인연을 이어가자.

CHAPTER

# 03

경영실적보고서 작성
Top 6 Point

우수한 경영실적보고서를 만들기 위해 공공기관들은 나름대로 최선의 노력을 기울인다. 각고의 노력을 다해 발간한 보고서를 기관들은 3월 초에 평가위원에게 우편 송부한다. 평가위원은 노란색 표지에 기관 명칭만 다른 보고서를 큰 책상 위에 한방향으로 나열시킨다. 그리고 자신이 평가할 평가지표에 대해 기관별 페이지를 펼쳐놓고 하나씩 보기 시작한다. 보고서의 내용뿐 아니라 표현, 형식, 디자인 등의 특징이 차별화되어 눈에 들어온다. 기관이 나름대로 최선을 다한 보고서가 평가위원 앞에서 자연스럽게 상대적 비교가 되는 것이 현실임을 알아야 한다. 경영평가 준비에서 보고서 작성에 온 힘을 쏟아야 하는 이유이기도 하다.

그렇다면 상대적 우위를 점할 수 있는 차별화된 보고서를 만들려면 어떻게 해야 할까?

기관은 내부에 인적, 물적 자원을 최대한 확보하고, 효율적이고 체계적인 보고서 작성 프로세스도 보유하고 있어야 한다. 이러한 효율적이고 체계적인 프로세스를 어떻게 만들어 갈지에 대해 성과관리부서는 항상 고민스럽다. Chapter Ⅲ에서는 효율적으로 보고서를 만들어 가기 위해 기본적으로 이해해야 할 보고서 작성 6가지 Point를 제시한다.

# 1 평가의도를 아는 것이 기본이다

우수한 보고서를 만들고 싶다면 먼저 기본에 충실하라고 말하고 싶다. 지금까지 살아온 필자의 경험에 비춰보면 기본에 충실했을 때 더 큰 성과에 도달했던 것 같다. 보고서를 작성해가는 과정에서 아무리 우수한 전문가에게 자문받는다 해도 작성자가 왜 그것이 중요한지, 왜 그렇게 해야 하는지를 정확하게 이해하지 못한다면 자문효과는 반감될 것이다. 따라서 작성을 시작하는 단계에서 경영평가의 기본의도를 정확히 이해하고 시작하기를 권장한다. 다음에서는 경영평가 기본의도를 알아보기 위해 기재부가 통보하는 여러 가지 자료를 살펴보았다.

첫째, 평가편람에 나타난 평가 목적을 확인함으로써 의도를 찾을 수 있다.

경영평가에 대한 의의와 목적 그리고 기준과 방법에 관한 모든 것이 정의되어 있는 것이 경영평가편람이다. 평가편람에는 공공기관의 대국민서비스 개선을 목적으로 매년 경영노력과 성과를 공정하고 객관적으로 평가한다고 정의한다. 평가과정이 평가목적을 달성해가는 필수절차인 점을 이해한다면, 평가받는 기관이 보고서에 작성해야 할 내용은 평가목적인 '대국민서비스 개선'이 기본이되어야 한다. 만약 기관이 보고서를 만들어가는 과정에서 대국민서비스 개선이라는 큰 명제를 간과한다면 보고서는 기관 발전을 위한 노력과 성과에 머무르게 될 것이다. 매년 공공기관이 기재부에 최종 제출한 경영실적보고서에서 평가목적을 간과한 오류사례가 나타나는 것을 자주 보게 된다.

**(평가편람 제1절, 의의)**
동 제도는 공기업·준정부기관의 공공성 및 경영효율성을 높이고, 경영개선이 필요한 사항에 대해 전문적인 컨설팅을 제공함으로써 궁극적으로 대국민서비스 개선을 목적으로 한다.

둘째, 작성지침의 '보고서에 작성해야 할 내용'을 통해 확인할 수 있다.

매년 1월 초 기재부가 기관에 송부한 경영실적보고서 작성지침에는 기관이 보고서 작성에서 반드시 준수해야 할 지침을 담고 있다. 작성지침은 보고서 작성에 대한 내용으로 평가지표 관련실적을 요점 위주로 압축수록하고, 주요실적을 전년실적과 대비하여 작성하도록 제시하고 있다. 보고서 작성에서 또 한 가지 기본이 되어야 하는 것은 '전년대비 개선실적을 비교하여 작성'하는 것이다.

이 기본이 지켜지지 않을 경우 기관의 보고서는 당해 연도 목표대비 개선실적으로 작성되는 오류를 범하게 된다. 이러한 성과의 가치는 평가위원으로부터 인정받기 어려우며, 오로지 인정되는 성과는 '비교되는 개선성과'뿐이다. 비교 기준은 전년대비를 원칙으로 공공기관, 국내 동종산업군, 글로벌 동종기업 등과의 비교로 확장하여 제시할 수 있다.

> **(작성지침 제1절, 일반지침)**
> 보고서에는 평가지표와 관련되는 실적을 요점위주로 압축하여 수록하고, 0000년도의 주요실적을 전년도까지의 실적과 대비할 수 있도록 작성한다.

두 가지 자료를 통해 경영평가 의도는 '공공기관이 고유사업 수행과정에서 국민서비스 개선을 위해 얼마만큼 노력하였는지를 평가하기 위해, 전년도와 비교하여 개선한 성과의 크기와 의미를 확인하는 것'임을 알 수 있었다.

기재부가 통보하는 '경영실적보고서 작성지침'에서는 보고서 형식과 작성방법을 엄격히 통제하고 있다. 보고서는 내부인력을 활용하여 작성하고 외주용역 집필을 금한다. 또한 기관의 작성부담 완화를 위해 「아래아한글」을 이용하여 핵심 위주로 간결하게 작성하도록 하며, 날개설명자료, 과도한 그래픽, QR코드, 바코드, 컬러인쇄 등을 엄격히 금지한다.

기관이 경영평가 의도에 맞는 보고서 만들기를 원한다면 반드시 작성지침을 준수해야 한다. 작성지침은 〈표3-1〉과 같이 보고서 작성에 필요한 구체적인 내용을 제시한다. 오랜 기간 경영평가를 받아온 기관이라면 매년 송부되는 작성지침을 전년과 비교하여 변동사항만 반영하면 된다. 하지만 새롭게 평가대상에 포함된 기관은 정확한 작성지침을 숙지한 후에 보고서 프레임을 구성해야 할 것이다.

적성지침은 일반지침과 세부지침으로 구성된다. 일반지침은 보고서 작성에 대한 총괄적인 지침으로 목적, 규격, 내용, 표기, 작성단위, 보고서양식, 허위 또는 오류에 의한 실적보고서 조치 등이 포함되고, 세부지침은 경영실적보고서 작성체계와 본보고서 작성지침, 참고자료 작성지침 등 세부내용을 담고 있다. 작성지침은 반드시 준수해야 할 기준이며 의도적으로 준수하지 않을 경우 평가과정에서 페널티를 받을 수도 있다. 따라서 보고서 작성 실무자들은 반드시 시작단계에서 작성지침을 정독하도록 권장한다. 작성목적과 형식, 표기방법 등의 공통사항과 작성해야 할 분야에 대한 작성지침을 정확히 이해해야 하기 때문이다.

기관이 기본에 충실한 좋은 보고서를 만들기 원한다면 평가의도를 정확히 이해하도록 작성지침에 대한 학습에서 첫 시작점이 되어야 할 것이다.

## 〈표3-1〉 경영실적보고서 작성지침(2021년 기준)

### 제1절 일반지침
1. 목적: 공운법 제47조에 의해 기관 경영실적보고서의 형식과 작성방법을 정함
2. 규격: 본보고서 가로21cm×세로29.7cm(A4용지)규격 좌철, 외주용역집필 금지, 보고서 분량 등
3. 내용: 요점위주 압축수록, QR/바코드 금지, 전년실적대비 주요실적 작성 등
4. 표기: 국문표기, 필요한 경우에 한정하여 한자 또는 영문 병기
5. 작성단위: 금액 단위 「백만 원」 원칙, 소수점 이하 4자리 반올림 3자리 기재, 부(△)수치표기 등
6. 보고서 양식: 별도 디자인 없는 단색표지, 본문 80그램 미색모조지, 「아래아한글」 이용 등
7. 자료출처 및 관리부서: 지표별·평가내용별 담당부서와 담당자 연락처 표시
8. 허위 또는 오류에 의한 실적보고 시 조치: 사실입각 작성, 기관장 확인 등
9. 제출기한 및 방법: 일자, 인쇄본(우편) 및 파일(USB 등) 송부, 우체국택배 제출
10. 연락처: 기재부 공공정책국 평가분석과

### 제2절 세부지침
1. 경영실적보고서 작성체계: 본보고서, 참고자료

2. 본보고서 작성지침
   가. 경영실적 작성 기본원칙: 공공기관 경영평가편람상의 범주, 평가지표, 세부평가내용 순서대로 작성 범주와 지표는 간지로 구분하며 간지는 페이지 번호를 미부여
   나. 비계량지표
      (1) 공통유의사항: 주요실적 관련 시행일자 및 조치근거 명기, 동일 실적자료 중복기재 피할 것
      (2) 경영관리범주 비계량지표: 지표관리방향, 외부지적사항 조치실적, 전년까지 주요추진실적, 세부평가내용별 해당년도 추진실적 및 성과 순 작성
      (3) 주요사업범주 비계량지표: 세부평가내용 순차적 작성, 주요사업별 작성, 해당계량지표 포함
      (4) 중장기재무관리계획 제출대상 기관: 계획대비 추진실적 구체적 작성
   다. 계량지표
      (1) 지표별 실적 작성방법: 실적개요, 실적내용, 항목별 분석, 실적산출 내역
      (2) 일부지표의 실적 작성방법
      (3) 기타사항: 점수산출을 위한 계산 기준, 필요자료 첨부 기준
   라. 혁신성장: 작성방법
   마. 코로나19 대응 노력과 성과: 작성방법

3. 참고자료 작성지침
  3-1. 일반현황: 경영현황(일반현황, 경영목표), 부속자료(후속조치 보고, 이사
            회의사록, 건의사항), 경영실적 평가지표 총괄요약표
  3-2. 첨부자료: 기관장 경영성과협약서, 단체협약서 및 임금협약서, 노사별도
            합의서, 노사협의회 회의록 및 합의사항, 사내근로복지기금정
            관 및 회의록, 복리후생관련규정 및 시행세칙, 취업규칙 등 제
            반규정, 경영개선계획서, 최근 5년간 국회·감사원 등 외부지
            적사항과 조치결과
〈별첨〉 기관 경영실적보고서 작성 양식(예시)

※ 경영실적보고서 작성지침은 매년 개정됨

 **핵심 POINT**　　**1. 평가의도를 아는 것이 기본이다**

▶ **평가편람에 나타난 평가 목적을 확인함으로써 의도를 찾을 수 있다**
- (평가편람 제1절) 공공기관의 공공성 및 경영효율성을 높이고, 경영개선이 필요한
  사항에 대해 전문컨설팅을 제공하여 대국민서비스 개선을 목적으로 한다.
- 기관이 보고서에 주장할 내용은 '대국민서비스 개선'이 기본이다.

▶ **작성지침의 '보고서에 작성해야 할 내용'을 통해 확인할 수 있다**
- 기재부는 보고서 작성 지침을 매년 1월 초 통보한다.
- (일반지침 1절) 보고서에는 평가지표와 관련실적을 요점 위주로 압축, 수록하고,
  0000년도의 주요실적을 전년도까지의 실적과 대비할 수 있도록 작성한다.
- 성과관리부서는 전년대비 작성지침에 변동이 있는지 확인하여 반영한다.

▶ **작성지침을 숙지하고 보고서 작업을 시작하라**
- 본보고서와 참고자료로 구분하여 작성한다.
- 일반지침은 규격, 내용, 표기, 작성단위, 양식, 허위 또는 오류 조치 등이 포함된다.
- 세부지침은 보고서 작성체계, 작성지침, 참고자료 등 세부 작성지침이 제시된다.

## 2 편람변화를 확인하고 시작하라

　정부의 공공기관 경영평가편람은 공운위 의결을 거쳐 매년 12월 중 기관에 통보된다. 경영관리와 주요사업 범주의 큰 틀에서는 변화가 작지만 매년 정부정책을 반영하면서 세부내용은 수시로 변화된다. 특히 국정철학과 경제정책이 바뀌는 정권교체 시기에는 평가편람 변화 폭이 큰 경우가 많다. 최근 사례로 2022년 5월 새롭게 출범한 윤석열 정부는 2022년도 공공기관 경영평가를 위해 지난해 12월에 확정한 공공기관 경영평가편람을 새정부의 공공기관 혁신방안을 반영하여 10월 공운위 심의에서 대폭 수정하였다. 아래 〈그림3-1〉을 보면 변화 정도를 쉽게 짐작할 수 있다.

　2022년 10월에 수정된 신정부 국정철학을 반영한 평가편람의 가장 큰 변화는 재무성과평가 강화이다. 공기업 기준으로 '재무관리'와 '업무효율'을 '재무성과관리' 항목으로 통합하고 배점을 기존 10점에서 20점으로 확대하였다. 또한 사회가치구현 항목배점을 조절하고 명칭을 '사회적 책임'으로 변경하였다. 세부적으로는 정책목표가 상당 수준 달성된 지표중심으로 배점을 기존 25점에서 15점으로 축소하였다(일자리창출 및 균등한 기회와 사회통합 10→5점, 안전 및 환경 5→3.5점, 윤리경영 5→2.5점, 상생·협력 및 지역발전 5→4점). 즉, 사회가치구현 배점 10점이 재무성과관리 배점

## 2022년도 경영평가편람

| 범주 | 평가지표 | 배점 계 | 배점 비계량 | 배점 계량 |
|---|---|---|---|---|
| 경영관리 (55) | 1. 경영전략 및 리더십 | 9.5 | 8 | 1.5 |
| | • 전략기획 및 혁신 | 7 | 7 | – |
| | • 국민소통 | 2.5 | 1 | 1.5 |
| | 2. 사회적 가치 구현 | 25 | 14 | 11 |
| | • 일자리 창출 | 6 | 4 | 2 |
| | • 균등한 기회와 사회통합 | 4 | 3 | 1 |
| | • 안전 및 환경 | 5 | 1 | 4 |
| | • 상생 · 협력 및 지역발전 | 5 | 2 | 3 |
| | • 윤리경영 | 5 | 4 | 1 |
| | 3. 업무효율 | 5 | – | 5 |
| | 4. 조직 · 인사 · 재무관리 | 7 | 4 | 3 |
| | • 조직 · 인사 일반 | 2 | 2 | – |
| | • 재무예산 운영 · 성과 | 5 | 2 | 3 |
| | 5. 보수 및 복리후생관리 | 8.5 | 3.5 | 5 |
| | • 보수 및 복리후생 | 3.5 | 1.5 | 2 |
| | • 총인건비 관리 | 3 | – | 3 |
| | • 노사관계 | 2 | 2 | – |
| | 소 계 | 55 | 29.5 | 25.5 |
| 주요사업 (45) | 주요사업 계획 · 활동 · 성과를 종합평가 | 45 | 21 | 24 |
| | 소 계 | 45 | 21 | 24 |
| | 합 계 | 100 | 50.5 | 49.5 |
| | (가점) 코로나19 대응노력 · 성과 | 3 | 3 | – |

## 2022년도 경영평가편람(수정안)

| 범주 | 평가지표 | 배점 계 | 배점 비계량 | 배점 계량 |
|---|---|---|---|---|
| 경영관리 (55) | 1. 경영전략 | 9 | 8 | 1 |
| | • 리더십 | 2 | 2 | – |
| | • 전략기획 및 경영혁신 | 5 | 5 | – |
| | • 국민소통 | 2 | 1 | 1 |
| | 2. 사회적 책임 | 15 | 8.5 | 6.5 |
| | • 일자리 및 균등한 기회 | 5 | 3 | 2 |
| | • 안전 및 재난관리 | 2 | 1 | 1 |
| | • 친환경 · 탄소중립 | 1.5 | 1 | 0.5 |
| | • 상생 · 협력 및 지역발전 | 4 | 2 | 2 |
| | • 윤리경영 | 2.5 | 1.5 | 1 |
| | 3. 재무성과관리 | 20 | 3 | 17 |
| | • 효율성 관리 | 6 | – | 6 |
| | • 재무예산관리 | 3 | 3 | – |
| | • 재무예산성과 | 11 | – | 11 |
| | 4. 조직 · 인적자원관리 | 4 | 4 | – |
| | • 조직 및 인적자원관리 | 2 | 2 | – |
| | • 노사관계 | 2 | 2 | – |
| | 5. 보수 및 복리후생관리 | 7 | 4 | 3 |
| | • 보수 및 복리후생 | 4 | 4 | – |
| | • 총인건비 관리 | 3 | – | 3 |
| | 소 계 | 55 | 27.5 | 27.5 |
| 주요사업 (45) | 주요사업 계획 · 활동 · 성과를 종합평가 | 45 | 21 | 24 |
| | 소 계 | 45 | 21 | 24 |
| | 합 계 | 100 | 48.5 | 51.5 |
| | (가점) 혁신계획 실행노력 · 성과 | 5 | 5 | |

### 〈그림3-1〉 2022년도 경영평가 편람 수정 전후 비교(공기업 기준)[5]

5) 2022년도 공공기관 경영평가편람 수정(기재부 보도자료, 2022.10.06.)

으로 이동한 것이다. 평상시 평가편람 변화는 소폭으로 개정되나 글로벌 경제상황 급변과 정치격변기에는 대폭적인 평가편람 수정도 있다.

　기관에서 보고서 작성을 시작하는 시점은 기관의 상황에 따라 다를 것이다. 하지만 시작 시점은 다를지라도 평가편람 변화를 확인하는 것을 잊어서는 안 된다. 성과관리부서는 보고서 작성을 시작하는 단계에서 전년대비 개정된 평가지표와 세부평가 내용을 철저히 검토해서 보고서 작성 실무자에게 공지해야 한다. 보고서 작성 실무자는 관행적으로 전년보고서 프레임을 복사해서 금년도 작업을 시작하는 경우가 많다. 자칫 새롭게 신설된 세부평가 내용이나 문구 수정사항을 체크하지 못해 큰 낭패를 볼 수 있다. 실제로 기재부에 최종 제출된 보고서에서 개정문구, 배점변경 등을 반영하지 못하고 놓치는 사례가 종종 나타나기 때문이다. 이러한 오류가 사소해 보일 수 있으나 평가위원 입장에서 개정내용이 반영되지 않은 기관보고서에 절대적인 신뢰를 보내기 쉽지 않을 것이다. 사소한 실수로 경영평가 준비가 덜 된 기관으로 인식되지 않도록 유의해야 한다. 따라서 성과관리부서는 새로운 보고서 작업을 시작할 때 개정내용 업데이트 여부를 확인하는 절차를 갖도록 한다.

　기관에서 평가편람 개정 여부를 확인해야 하는 시기는 일 년에 두 번이다. 평가편람이 확정되어 기관에 통보되는 12월과 국가정책 및 사회변화를 반영하여 당해 연도 편람을 수정하는 10 월이다. 특히 10월에 수정된 평가편람 내용이 누락되지 않도록 꼼꼼히 챙겨야 한다. 그해 경영평가에서 정부가 중요하게 생각하는 정부정책이나 사회적 핵심이슈가 포함될 가능성이 높기 때문이다. 그해의 보고서에 경영실적으로 개선성과가 반드시 담겨져야 할 내용이며, 평가위원이 가장 주안점을 두고 평가할 가능성이 높다.

 **핵심 POINT**　　**2. 편람변화를 확인하고 시작하라**

▶ **매년 통보되는 공공기관 경영평가편람 변화를 확인하라**
　– 편람은 공운위 의결을 거쳐 매년 12월 중 기관에 통보된다.
　– 편람확정 이후 환경변화를 반영하여 10월에 한 번 더 수정된다.
　– 국정철학과 경제정책이 바뀌는 정권교체기에 편람 변화 폭이 크다.

▶ **대폭적인 변화보다 소폭적인 평가편람 개정에 유의하라**
　– 보고서 작성 시작 단계에서 변화된 세부평가내용을 확인하라.
　– 일부문구, 배점변경 등의 개정 내용을 놓쳐 평가위원 신뢰를 잃지 마라.
　– 준비가 덜 된 기관으로 오해받지 않도록 철저히 확인하라.

▶ **10월 편람수정은 정부정책이나 사회적 이슈를 포함할 가능성이 높다**
　– 개정된 편람내용에 대한 개선실적 제시에 만전을 기하라.

# 3 지적사항을 백 퍼센트 개선하라

평가편람에서 경영평가는 공공기관이 대국민서비스를 개선하도록 경영개선에 필요한 전문컨설팅을 제공하고 공공성 및 경영효율성을 높이는 역할을 한다고 정의한다. 또한 작성지침에도 평가지표별 보고서 작성 첫 순서로 외부지적사항 조치실적을 작성하도록 하고 있다(단, 리더십지표는 지표관리방향, 외부지적사항조치실적 순 작성). 외부지적사항 조치실적에는 전년도 경영평가보고서상의 지적사항과 최근 5년간 감사원과 국회 등 외부지적사항에 대해 금년도에 개선한 실적을 요약하여 정리하도록 한다. 작성서식은 지적사항과 조치 및 개선실적을 기재하고 비고란에 본보고서 페이지를 표시하도록 한다.

이처럼 공공기관이 국민편익을 위해 지속적으로 서비스를 개선해나가는 데 도움 되는 역할이 경영평가라면, 경영평가 지적사항은 기관 경영개선을 위해 반드시 필요한 사항일 가능성이 높다. 각 분야 전문가로 구성된 평가위원이 공공기관 발전을 위해 제시하는 컨설팅이라는 점에서도 지적사항은 개선되는 것이 바람직하다.

매년 기관에 통보되는 평가보고서를 분석하여 경영평가에서 평가등급에 따라 지적하는 기준을 살펴보았다. 다수의 평가위원이 여러 기관 평가보고서를 동시에 작성하는 체계이다 보니 통일된 작성원칙이 적용되고 있음을 확인할 수 있었다. 먼저 평가지표에 대한 평정등급에 따라 평가보고서에 강점과 약점 및 문제점을 서술하는 비율에 일정한 패턴이 있는 것을 발견하였다. 그 패턴을 정리해보면 〈표3-2〉와 같다. 또한 평가보고서는 세부평가내용 순서대로 작성되고 있으며, 전년도 지적사항에 대한 조치실적을 첫 꼭지에 작성하고 있다. 이것은 평가위원이 전년도 지적사항에 대한 개선실적을 가장 먼저 확인하고 그 결과를 평가보고서에 반영한다는 의미이기도 하다.

〈표3-2〉 평가보고서 등급별 강점과 약점 서술비율

| 등급 | 강점 | 약점 및 문제점 | 비고 |
|------|------|----------------|------|
| A+ | 90% | 10% | |
| A0 | 80% | 20% | • 평가지표 당 6~7꼭지 내외 작성<br>• 꼭지별 근거 30%, 사유 및 판단 70%<br>• 개선점 표현방식<br>~ 한 노력을 기울일 필요가 있을 것이다.<br>~ 제고할 필요가 있을 것이다.<br>~ 개선방안이 마련되어야 할 것으로 판단된다. |
| B+ | 70% | 30% | |
| B0 | 60% | 40% | |
| C | 50% | 50% | |
| D+ | 40% | 60% | |
| D0 | 30% | 70% | |
| E+ | 20% | 80% | |
| E0 | 10% | 90% | |

앞서의 평가보고서 분석을 통해 경영평가 지적사항은 반드시 차년도에 개선여부를 확인한다는 사실을 알게 된다. 매년 경영평가를 준비하는 공공기관에 외부지적사항 조치는 반드시 해야만

하는 가장 기본적인 숙제가 되는 것이다.

그렇다면 전년도 지적사항을 100% 개선하기 위해서는 어떻게 해야 할까?

성과관리부서는 기재부에서 평가보고서가 통보되는 매년 6~7월경에 지적사항을 목록화하여 해당부서가 개선조치하도록 요청한다. 이후 연말에 개선이행 여부를 확인하는 것이 일반적인 공공기관 업무처리방식이다. 하지만 지적사항 수준은 일사천리로 단순하게 개선할 만큼 쉬운 문제가 아니다. 개선과정에서 여러 가지 환경적인 문제로 난관에 부딪히는 경우도 많다.

다음에서 기관의 효율적인 지적사항 개선에 도움 되는 몇 가지 방안을 제언하고자 한다.

첫째, 전년도 지적사항은 100%개선이 원칙이다. 하지만 사안에 따라 1년이라는 단기간에 해결할 수 없는 과제도 존재한다. 이런 상황에서는 장기과제로 분류하여 문제해결을 위한 현황파악, 문제점분석, 개선방향, 개선계획 등의 추진 로드맵을 수립한 후, 체계적으로 이행해나간다. 개선조치실적은 계획된 로드맵을 중심으로 1년간의 진행성과를 정리하고, 앞으로 진행할 구체적인 계획과 일정을 제시하면 된다.

둘째, 지적내용이 불분명하거나 해석이 어려워 구체적인 개선방향을 잡지 못할 때가 있다. 이런 경우는 머뭇거릴 필요 없이 해당지표 평가위원에게 직접 문의하는 것이 가장 효율적인 해결책이다. e-메일, 전화로 문의하는 방법도 있지만 직접 방문하여 정확한 지적의도를 파악하고 더불어 문제해결 솔루션까지 들을 수 있다면 기관입장에서 최선일 것이다.

셋째, 평가위원에게 정확한 답변을 듣기 어려운 경우도 있다. 이때는 전후맥락을 파악하고 합리적으로 해석하여 개선방향을 수립할 수밖에 없다. 자체적으로 문제를 정의한 만큼 과학적 통계기법을 활용하여 문제분석과 해결방향을 설정한다면, 기관의 노력하는 자세와 개선성과 신뢰성 측면에서 좋은 이미지를 심어줄 수 있을 것이다.

원칙적으로 외부지적사항 조치실적은 100% 개선하여 보고서에 제시되어야 하나, 그렇지 않다면 분명한 이유가 있어야 한다. 기관 입장에서 골치 아픈 지적사항에 직면하면 고의로 누락하거나 다른 지적사항과 교묘하게 혼합하는 방식으로 숨기려는 생각을 할 수도 있다. 이는 경영평가 수준을 낮게 보는 것이다. 모든 지적사항에 대한 자료는 엄격히 관리되고 평가위원에게 정확히 전달되므로 반드시 명확한 조치실적을 제시해야 한다.

또한 보고서 해당 페이지에 지적사항개선실적 TAG를 표시하여, 평가위원이 별도의 어려움 없이 개선내용을 확인할 수 있도록 한다.

 **핵심 POINT**　　3. 지적사항을 백 퍼센트 개선하라

▶ **실적보고서 첫 순서는 외부지적시항 조치실적을 작성한다**
　– 전년도 경영평가 지적사항과 감사원, 국회 등의 지적사항은 개선해야 한다.
　– 공공기관 발전을 위한 컨설팅이므로 개선되는 것이 바람직하다.
　– 성과관리부서는 6~7월에 지적사항을 목록화하여 개선조치를 요청한다.
　– 연말에 지적사항 개선여부를 확인한다.

▶ **경영평가 시 전년도 지적사항개선 여부를 반드시 확인한다**
　– 평가위원은 가장 먼저 지적사항조치실적을 확인하고 평가를 시작한다.
　– 평가보고서 첫 꼭지에서 전년도 지적사항 개선실적을 평가한다.

▶ **효율적으로 지적사항을 개선하는 방안**
　– 단기해결이 어려우면 장기과제로 분류하고 이행로드맵 문서를 제시하라.
　– 지적 내용이 불분명하면 평가위원에게 직접 문의하여 정확하게 파악하라.
　– 정확한 답변을 들을 수 없다면 합리적이고 과학적으로 문제를 정의하라.

▶ **개선실적은 본보고서에 Tag로 표시하여 평가위원이 확인할 수 있도록 한다**

## 4 개선성과를 가치 있게 표현하라

보고서작성지침을 학습하고 평가편람 개정내용도 확인했다. 다음으로 할 일은 본격적인 경영실적보고서를 작성하는 단계다. 보고서는 평가편람에 제시된 세부평가내용에 대해 기관의 개선 노력과 성과를 작성하는 서식이다. 작성할 평가지표별 착안사항 은 평가편람에서 상세히 제시된다. 앞서 설명한 바와 같이 당해 연도 주요실적을 전년실적과 대비되도록 작성하면 된다. 이를 위 해 먼저 실적자료를 확보하는 것이 우선이다. 또한 확보된 자료 중에서 우수 아이템을 찾아 의미 있는 성과로 제시하는 것과 평 가위원이 쉽게 설득되도록 구조화하여 표현하는 것이 중요하다.

다음에서 보고서 작성을 시작하며 효과적인 진행에 도움 되는 몇 가지 방안을 제시한다.

첫째, 경영실적자료에 반영할 개선성과를 발굴하라.

참여정부 시기인 2006년부터 모든 공공기관이 정부권장에 따 라 BSC기반 내부성과평가제도 도입을 시작했다. 이후 '외부평가 와 내부평가의 연계'가 경영평가의 평가착안사항으로 반영되면서 대부분 공공기관은 경영평가와 내부성과평가를 연계하였다. 이 후 내부성과평가는 공공기관 경영시스템으로 정착되어 경영평가 를 지원하는 제도로 현재까지도 대부분 기관에서 운영되고 있다.

따라서 보고서 작성을 위해 먼저 내부성과평가 목적으로 작성된 실적자료를 확보하도록 한다. 경영평가 세부평가내용과 내부성과평가 세부지표가 동일하게 연계되었다면 자료활용이 보다 효율적일 것이다. 기관 내에 진행된 공모전과 경진대회 성과물, 외부수상실적 등에 대한 자료도 미리 확보해 두면 도움 될 것이다.

둘째, 보고서 작성 관점을 바꿔라.

매년 보고서 작성을 진행하며 시작 단계에서 겪는 문제 중 하나는 작성관점이 너무 실무적이거나 기관입장에서 작성한다는 점이다. 평가위원이 보고 싶은 정답과 거리가 먼 기관만의 답을 적어놓고 백점이기를 기대하는 것과 같다. 이러한 오류를 범하고 싶지 않다면 보고서 작성 관점을 다음의 세 가지 측면에서 바꿔야 한다.

① '작성자'가 자랑하고 싶은 실적이 아니라 '평가자'가 관심 가질 성과로 관점을 바꿔야 한다. 평가위원은 흥미롭거나 감동이 있고 사회적이슈 해결과 관련된 차별적인 성과에 눈이 갈 것이다. 작성자 자신이 평가위원이라 생각하고 바뀐 입장에서 흥미 있는 주제에서 개선성과를 찾아야 한다.

② 단순한 '개선실적'이 아니라 '노력과 성과'로 제시해야 한다. 따라서 향상된 실적을 단순수치로 나열하는 것은 의미가 없다. 실적이 향상되기까지 전년과 다르게 어떠한 차별적인 노력과 활동을 했으며, 그러한 노력의 결과로 나타난 개선된 성과의 의미

와 가치를 주장해야 한다.

③ '부서성과'로 작성된 내부성과평가 실적을 '기관성과' 관점에서 다시 작업해야 한다. 내부성과평가에서 확보한 실적자료는 부서평가를 위해 작성한 기관 내부의 개선성과다. 이를 그대로 활용하면 부서관점에서 기관발전을 위해 기여한 하위개념의 성과로 제시되기 쉽다. 경영평가는 기관에 대한 평가이므로 정부정책이행, 국민편익, 공익성강화 등 국가와 사회에 기여한 기관의 노력과 성과로 제시되어야 한다. 작성자는 부서시각의 성과에 매몰되지 말고 기관을 대표하는 시각으로 전환하여 성과를 표현하도록 한다.

| 작성자 관점 | → | 평가자 관점 |
|---|---|---|
| 개선실적 관점 | → | 노력과 성과 관점 |
| 부서성과 관점 | → | 기관성과 관점 |

셋째, 누구나 인정할 수 있는 성과로 표현하라.

경영평가는 개선을 위한 노력과 성과를 평가한다. 보고서에 성과를 작성할 때 가능하면 숫자로 정량화해서 표현하는 것이 바람직하다. 정성적으로 제시하는 성과는 그 수준과 의미를 전달하는 데 한계가 있기 때문에, 구체적인 정량수치로 제시해야 평가위원이 개선정도와 의미를 파악할 수 있다. 하지만 정량적인 수치로 개선성과를 제시했다 하더라도 정확한 숫자의 의미까지 전달하는 것은 쉬운 일이 아니다. 누구나 인정할 수 있는 성과로 표현하기 위해서는 작성자의 많은 고민이 필요하다. 이러한 고민에 도움을 주고자 스킬북자료[6]를 활용하여 효과적으로 성과를 표현하는 방법을 다음에서 정리하였다.

### ① 과거 실적과 비교되는 개선성과

> **– 부족한 표현사례**
> • 내부성과평가제도 만족도 향상('21년 80점 → '22년 88점)
> • 내부성과평가제도 만족도 전년대비 10% 향상('21년 80점 → '22년 88점)
>
> **– 우수한 표현사례**
> • 내부성과평가제도 만족도 전년대비 10% 향상('21년 80점 → '22년 88점)
>   → 조사 실시 이후 역대 최고 상승폭(과거 10년 평균 증가율 3%)

### ② 중장기목표와 단기계획의 정상적 또는 초과달성 성과

> **– 부족한 표현사례**
> • 구성원 청렴인지도 전년대비 5%p 향상('21년 90% → '22년 95%)
>
> **– 우수한 표현사례**
> • 구성원 청렴인지도 95%, 중장기전략 로드맵 2년 조기 달성
>   (로드맵: '20년 88%, '21년 90%, '22년 92%, '23년 94%, '24년 95%)

---

6) 보고서 작성스킬북, 허지안, ㈜북랩, 2020. 6.

### ③ 집단 간 비교되는 상대적 우수 성과

- **부족한 표현사례**
  - 국민권익위원회 종합청렴도 '우수' 기관 달성
  - 내부 혁신경진대회에서 맞춤형 동반성장프로그램 우수상 수상
- **우수한 표현사례**
  - 국민권익위원회 종합청렴도 '우수' 기관 달성(공기업Ⅱ 20개 기관 중 유일)

### ④ 최초, 최고 등의 상징성과 희소성 성과

- **부족한 표현사례**
  - 고객만족도 92점 역대 최고점수 획득('20년 88점, '21년 90점, '22년 92점)
- **우수한 표현사례**
  - 고객만족도 90점 역대 최고점수 획득(전년도 85점 대비 5점 향상)
  - → 창사 이래 최초 고객만족도 90점대 진입, 과거 3년 평균대비 10% 증가

### ⑤ 대외 우수성 인정 성과

- **부족한 표현사례**
  - 2022년도 한국의 최고 ESG 경영대상 수상
- **우수한 표현사례**
  - 2022년도 지속가능경영 정부포상 ESG부문 대통령 표창(공기업 유일)

넷째, 핵심이 부각되는 구조화로 설득력을 높여라.

경영실적보고서 전체적인 느낌을 어떤 형태로 구성할지는 기관의 선택이다. Text와 도표 위주의 논리전개를 중시하거나 다양한 사진과 이미지로 시각효과를 극대화하는 형태가 있다. 두 가지를 혼합한 중간 형태도 가능하다. 이러한 보고서의 형식도 중요하지만 실적보고서는 논리적이어야 한다. 잘 짜인 제목과 이를 설명하는 본문 내용의 전개구조가 논리적이어야 함을 말한다. 논리적인 보고서는 관련 소재를 묶음으로써 산만하지 않고 읽는 사람이 글 방향을 예측하게 함으로써 주제를 효과적으로 전달할 수 있다. 일반적인 글쓰기의 논리전개(도입-전개-마무리)와 보고서 작성을 비교하면 다음과 같다.

| 구분 | 일반 글쓰기 구조 | 경영실적 보고서 |
|------|------------------|------------------|
| 도입 | 무엇을 주장하고 싶은가? | 추진배경(개선사유, 필요성 등) |
| 전개 | 무엇을 어떻게 했는가? | 개선내용(과정, 노력, 실적 등) |
| 마무리 | 그래서 무엇이 달라졌나? 앞으로 계획은? | 개선실적(성과, 기대효과 등) |

〈그림3-2〉와 같이 논리전개는 2단~5단 구조가 대표적이다. 보고서에는 3단 구조를 기본으로 작성하고 개선내용 형태, 복잡성, 작성분량 등에 따라 축소나 확대 응용이 가능하다. 3단계를 원칙으로 2~5단계까지 응용하여 보고서 구조를 설계하는 데 활용할 수 있다.

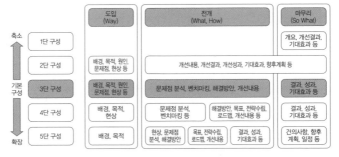

(출처: 보고작성실무강의, 홍장표, 저자 재작성)

**〈그림3-2〉 논리적인 보고서 구조설계**

큰 틀에서 도입-전개-마무리 형식을 구조화한 후에는 보고서에 실적내용을 작성하게 된다. 보고서 작성에서 유의할 점은 상위와 하위체계를 혼재되지 않도록 구조화하고 중복과 누락이 없도록 작성하는 것이 중요하다. 이를 위해서는 로직트리(Logic Tree)와 MECE(Mutually Exclusive Collective Exhaustive) 등 두 가지 원칙이 지켜져야 한다.

로직트리는 글로벌 컨설팅회사인 매킨지가 개념화하였다. 하나의 줄기에서 가지가 펼쳐지는 나무형태로 사고를 확장해서 로직트리라고 한다. 로직트리 원칙은 수직적으로 계층을 이루고 있어 서열이 명확해야 하고, 상위수준 제목이 하위수준 제목을 포괄할 수 있어야 한다. 이를 보고서 작성에서 활용한다면 다음과 같다.

* 대제목-중제목-소제목의 위계가 구조를 갖추도록 구성한다.
* 핵심성과 표현 대제목 − 2~3개 개선실적 중제목 − 세부개선 소제목으로 구성한다.
* 대제목은 중제목 모두를 포함하고, 중제목은 소제목 모두를 포함하게 작성한다.

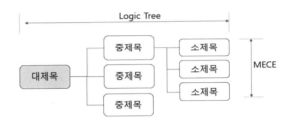

〈그림3-3〉 로직트리와 MECE

다음으로 MECE는 상호배제와 전체포괄을 말하는 것으로 각 항목들이 상호배타적이면서 합쳤을 때 완전한 전체를 이루는 것을 의미한다. 보고서 제목이 서로 독립적이면서 누락이 없어야 한다는 것을 말한다. 즉, 상위제목과 하위제목이 서로 논리적으로 연결되며 하위제목 간 독립적이며 누락이 없어야 한다는 것이다.

다섯째, 전문용어를 쉽게 풀어 설명하라.

공공기관은 국가로부터 위탁받은 전기, 철도, 도로 등 다양한 기간산업에서 고유의 목적사업을 수행한다. 따라서 보고서 작성에 목적사업에서 사용하는 전문용어가 빈번하게 표현되는 경우가 있다. 만약 전문용어가 일반적인 친숙한 용어가 아니라면 평가위원이 보고서를 이해하는 데 어려움을 겪을 수 있다. 이를 대비해 작성자는 일반인도 이해할 수 있는 쉬운 용어선택에 신경을 써야 한다. 평가위원에게 공부해서 평가하라고 할 수는 없기 때문이다. 하지만 불가피하게 전문용어를 사용할 수밖에 없는 상황도 발생할 수 있다. 이때는 주석으로 전문용어 원어와 의미를 기재하는 것이 바람직하다. 조금 더 정성을 들인다면 전문용어집을 별도로 제작하여 제공하는 방안도 고려할 수 있다.

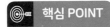 

▶ **경영실적자료에 반영할 개선성과를 발굴하라**
 – 내부성과평가 목적으로 작성된 부서단위 비계량실적자료를 확보하라.
 – 기관 내 공모전, 경진대회, 대외 수상실적에 대한 자료를 확보하라.

▶ **보고서 작성 관점을 바꿔라**
 – 작성자 자랑관점이 아닌 평가자 관심시각에서 작성하라.
 – 개선실적이 아닌 개선노력과 성과를 작성하라.
 – 부서성과 관점이 아닌 기관성과 관점에서 작성하라.

▶ **누구나 인정할 수 있는 성과로 표현하라**
 – 과거실적과 비교되는 개선성과를 제시해라.
 – 중장기목표와 단기계획의 정상적 또는 초과달성 성과를 제시하라.
 – 집단 간 비교되는 상대적인 우수성과를 제시하라.
 – 최초, 최고 등의 상징적이고 희소성 있는 성과를 제시하라.
 – 대외적으로 우수성을 인정받은 성과를 제시하라.

▶ **핵심이 부각되는 구조화로 설득력을 높여라**
 – 실적보고서는 논리적 3단구조(도입–전개–마무리)를 기본으로 작성한다.
 – 개선내용의 형태, 복잡성, 분량 등에 따라 축소나 확대하여 응용한다.
 – MECE원칙으로 서로 독립적이면서 누락이 없도록 작성한다.

▶ **전문용어를 쉽게 풀어 설명하라**
 – 일반인이 보고 이해되는 용어를 선택하여 작성한다.
 – 전문용어 사용이 불가피하면 주석 또는 용어집을 추가 제공한다.

## 5 흥미감성형 타이틀로 설득하라

평가위원이 경영실적보고서를 처음으로 접하는 순간부터 보고서 전체를 정독하며 내용을 파악하지는 않는다. 먼저 큰 타이틀 중심으로 훑은 후에 관심 가는 제목부터 세부적인 내용을 파악하기 시작한다. 따라서 시작 단계부터 평가위원이 기관에 대해 호감과 관심을 가지게 하는 첫 관문이 보고서 제목이다. 그렇다면 평가위원 입장에서 호감과 관심이 가는 제목은 어떤 것일까? 필자 생각에 좋은 제목은 기관이 주장하고 싶은 메시지를 평가위원이 쉽게 이해할 수 있는 제목이다. 더불어 평가위원이 제목에서 흥미와 관심을 느끼게 된다면 성공적이다. 또한 제목만 봐도 성과의 의미를 짐작할 수 있다면 최고의 제목이다.

기관이 좋은 제목을 만들기 위해서는 어떤 점을 고려해야 하는가? 여러 가지 요소가 있겠지만 여기서는 좋은 제목이 되기 위한 기본조건 몇 가지만 제시한다.

첫째, 데이터를 포함하여 신뢰도를 높여라.

데이터를 포함한 제목은 주장하는 내용의 객관성과 신뢰성을 높일 수 있다. 구체적인 숫자는 성과수준을 명확히 전달할 수 있기 때문이다. 하지만 성과수준이 반드시 성과의 의미까지 전달하는 것이 아니라는 점은 유의해야 한다.

130

데이터를 제목에 적극적으로 반영하여 활용하는 것은 반드시 필요하다. 평가위원이 향후 평가를 마무리하면서 평가보고서를 작성할 때 데이터를 많이 인용하기 때문에 데이터가 포함된 보고서를 선호하는 경향이 있다.

**Ⅱ 지원실적**

□ **(원산지증명 지원)** FTA종합지원센터, 지역 FTA지원센터(17개), 해외 지원센터(15개) 등 전문 지원기관을 통하여 중소기업 FTA 활용 지원

○ '18년 중소기업 현장방문 컨설팅(4,800건), **FTA 활용설명회(11,135명)**, 재직자 교육(11,565명) 등으로 FTA 정보제공 및 원산지증명 상담 지원

□ **(분석·평가)** 발효 후 5년이 경과한 통상조약에 대하여 이행상황을 평가, 총 9건의 **FTA**에 대한 경제효과를 분석하여 공개(국회제출)

  • ('14) 칠레, ('15) 싱가포르/EFTA/ASEAN, ('16) 인도/EU, ('17) 페루, ('18) 미국, ('19) 터키

□ **(소통)** '16.下부터 '19.10월까지 기업간담회(62회), 현장방문(23회), 유관기관 협의회(14회) 등을 통해 **676개** 기업과 직접소통하고 **465건** 애로 발굴

---

**1 중소기업 FTA 활용 지원 강화**

□ **(컨설팅)** 지역 영세기업 및 취약업종을 중심으로 전문가 맞춤형 컨설팅을 연간 **5,000건** 실시하고, 지역 FTA 활용지원센터 추가 설치

○ 세종시 소재 중소기업의 FTA 활용 컨설팅 지원과 향후 수요 확대에 대비하여 '세종 FTA활용지원센터' 설치

  • 세종시 중소기업수('18) : 1,119개사 / 수출액('18) : 12.3억불(전국 6,049억불)

□ **(현지지원)** 신남방·중남미 등 새로운 시장에 진출하는 중소기업을 현지에서 지원하기 위하여 신흥 전략지역에 「해외 FTA활용지원센터」 16개소 개설

○ '19년 필리핀(마닐라, 6월), 인도(첸나이, 9월) 설치, '20년 멕시코 등 확대 검토

  • ('18) 6개국(중/베/콜/인니/인도/태) 13개소 → ('19) 필리핀, 인도 추가 → ('20) 멕시코 추가

**〈그림3-4〉 데이터 포함 제목 예시**[7]

---

7) 산업통상자원부 FTA 활용 촉진 대책('19.11.21.)

둘째, 리듬감 패턴으로 읽기 쉽게 하라.

**2. 코로나 졸업반 비진학 청년 역량개발 지원 및 취업지원 강화**

① [취업전] 채용연계형 직무교육과정 지원 신설<sup>교육부</sup>

　○ (현황) SW·AI 등 신산업 분야에 대한 직업계고 학생의 취업수요가
　　 높으나, 현장실습을 미운영하는 기업이 많아 취업 기회가 부족
　　 　* 직업계고 학생 대상 현장실습은 제조업 분야를 중심으로 운영중

　○ (신규) 신산업 분야 우수기업과 협력을 통한 맞춤형 직무교육과정을
　　 운영하여 직업계고 학생 등 직무역량 향상·사회진출 지원('22년 1,060명)

② [취업후] 고교 취업연계 장려금 지원 강화(1인당 400만→500만)<sup>교육부</sup>

　○ (현황) 코로나19 확산으로 인한 불확실성 증가로 기업의 직업계고
　　 현장실습생의 취업 어려움 증가(취업전환율 19년 67.5%→20년 64.9%)

　○ (확대) 현장실습생의 취업률을 제고하기 위해 고교 취업연계 장려금
　　 지원수준을 1인당 500만원<sup>*</sup>('19년 400만원)으로 확대('22년 2.94만명)

**3. 미래 대응형 맞춤형 인재 양성**

① [ICT·SW] SW 중심대학 및 이노베이션아카데미 확대<sup>과기부</sup>

　○ (현황) SW 인력양성을 위해 현장실습·인턴십 지원하는 SW중심
　　 대학<sup>*</sup> 및 이노베이션아카데미<sup>**</sup> 등을 운영중이나, 수요대비 부족
　　 　* 현장실습 교육(인턴십 등) 및 비전공 전문교육
　　 　** 자기주도 학습 기반 교육과정으로서, 연 500명 수준의 SW 혁신인재 양성

　○ (확대) SW인력 수요 증가를 고려하여 SW 중심대학(41개→44개) 및
　　 이노베이션 아카데미 지원규모(본교육 선발 500명→750명) 확대

② [의약·바이오] 규제과학 및 안전관리 전문가 양성 확대<sup>식약처</sup>

　○ (현황) 규제과학 대학 선정, 규제과학연구지원센터 지정<sup>*</sup>과 함께
　　 전문가 양성 프로그램을 운영중이나 수요 대비 지원규모 작음
　　 　* 의약품(유효성(2개), 안전성(1개)), 식품(기능성(1개), 안전성(1개)) 총 5개 대학 선정
　　 　* 규제과학연구지원센터 지정(21.5월)

　○ (확대) 규제과학 대학을 확대(8개 대학 7분야, 100명→170명)하고,

**〈그림3-5〉 리듬감 패턴 제목 예시**<sup>8)</sup>

　제목의 글자 수와 길이, 조사사용, 사용용어의 규칙성을 이용
해서 반복적인 패턴을 이용하면 리듬감 있는 제목을 구성할 수

---

8) 청년세대 "격차해소"와 "미래도약 지원"을 위한 청년특별대책('21.8.26.)

있다. 이런 유형의 제목은 읽기 편할 뿐 아니라 순차적으로 제시되는 다른 제목과 한눈에 비교가 가능해져 의미를 파악하기도 수월하다.

리듬감 있는 제목은 평가위원이 내용을 편하게 읽을 수 있고, 이해되게 전달하기도 쉽다. 보고서 작성에서 리듬감 패턴은 반복적으로 사용해도 무리가 없는 요건이다.

셋째, 감성제목으로 강한 인상을 남겨라.

기관이 작성하는 경영실적보고서는 사실을 바탕으로 하는 논리적 보고서에 해당한다. 기본적으로는 논리적인 제목을 사용하는 것이 바람직하다. 하지만 보고서 모든 페이지에 딱딱한 제목만으로 구성하다 보면 흥미로움을 찾기 어렵다. 따라서 감성에 호소할 만한 성과가 있다면 감동을 자극하는 제목도 필요하다. 평가위원 눈길을 끌 수 있고 강한 인상을 줄 수 있는 장점이 있기 때문이다.

다만 너무 빈번하게 감성적인 제목을 작성하는 경우에는 보고서 전체가 가벼워질 수 있다. 가벼운 보고서는 말장난 혹은 보고서 신뢰도를 반감시키는 부작용이 있다. 필요한 상황에서 적당한 감성제목 사용을 권장한다.

## Ⅰ. 추진배경

◇ ①코로나19 등 글로벌충격 ② GVC 재편 등 넥스트노멀 부상 ③미래형 첨단산업 전환 요구 등 소부장·GVC 변화 필요성 부각

◇ 20년만에 전면개정된 법('20.4.1.시행) 취지를 반영한 소부장 Blue Print 마련

**◇ 글로벌 외부충격 : "거친바람이 바이킹을 만들었다"**

* (북유럽 속담) 사나운 바람이 바이킹의 조선술과 항해술의 혁신 유발

○ 日 **수출규제**('19) 이후 **코로나 19**('20) **美中무역분쟁 재점화** 등 외부 충격으로 소재·부품·장비 수급우려와 **글로벌 생산시스템 균열 현상**

* 코로나19로 GM 10.5%, 벤츠 11.1% 등 글로벌 車생산가동률 29%로 추락

○ 소재·부품·장비는 산업에 필수적인 '보이지 않는 기술속의 기술'로, 흔들리지 않는 **회복력**(Resilience)확보가 **산업 安保**와 **미래경쟁력** 좌우

**◇ Next Normal : "적응해야 생존한다"**

○ Post코로나의 의미는 글로벌 **분업지형도**의 **새로운 재편**(Next normal)

- 각국의 제조업 회귀정책(Reshoring) 강화, 비접촉 경제(Untact Economy) 확산, 보호무역 부활, 방역 新시장 부상 등 글로벌 경쟁환경 급변 전망

* 공급망의 지역블록화(RVC) 추세와 첨단산업 자국유치 경쟁 본격화

○ 코로나로 "강한 제조업" 중요성이 재조명 → GVC의 재편흐름에 대응, 소재·부품·장비 등 **제조업 根幹**(Backbone)의 **신속 · 유연한 적응 제고**

**◇ 차세대 소부장 : "가보지 않은 새로운 길을 가야"**

○ 주요 국가들은 4차 산업혁명, 환경보호 등 **미래 신시장** 주도를 위해 소재부품을 중심으로 기술혁신, 인프라 개선 등 **경쟁적 정책추진**

* (美)Manufacturing USA('14), (獨)Industry 4.0('11), (日) Connected Industry('17)

○ 산업의 미래를 위해 **차세대 소재·부품·장비의 질적 도약** 요구

**⇨ 글로벌 환경과 우리 현실을 再인식 → 위기를 기회로 바꾸는 전략 필요**

**〈그림3-6〉 감성 제목 예시**[9]

넷째, 효과적 단어선택으로 흥미를 이끌어라.

평가지표별 세부평가내용에 나오는 단어들은 중요한 키워드이기 때문에 다시 목차로 표현되는 경우가 많다. 보고서를 읽는 입장에서는 같은 용어가 반복되면 식상해지기 때문에 임팩트 있게

9) 제1차 소재·부품·장비산업경쟁력강화 기본계획('20.10.14.)

받아드리기 어렵다. 따라서 핵심적인 단어선택은 매우 중요하다. 제목을 아무리 잘 만들었다 해도 평범한 단어라면 전달력이 약하다. 반대로 눈에 띄는 창의적인 단어 하나는 같은 내용을 훨씬 더 넓고 깊게 전달할 수 있다.

---

**1. 세계 최고 기업이 된 애플**

□ 애플은 세계 최초로 기업가치 3조를 기록하여 기업 역사의 신기록 달성

  ○ 2022년 1월 3일, 장중 역대 최고 주가인 182.88달러를 기록하며 시가총액 3조 달러 돌파

    - 이는 2020년 8월에 시가총액 2조 달러를 돌파한 지 약 16개월 만에 이루어 낸 성과로 세계 기업史에 기록될 역사적인 사건으로 평가되고 있음

    - 시가총액 '3조 달러'는 2021년 전 세계 국가들의 GDP 기준에서 6위인 인도에 버금가는 규모이며, 한국(세계 10위)의 2021년 GDP는 1.8조 달러로 이의 60% 수준

    - 2022년 5월 이전까지는 애플이 전 세계 시가총액 1위를 유지하였으나, 러·우크라 전쟁 장기화에 따른 유가 급등의 영향에 사우디아라비아 국영 석유업체 아람코와 근소한 차이로 현재 전 세계 시가총액 2위 기록 중

---

**2. 애플의 ESG 주요 전략**

□ (E 환경) 기후변화문제 해결 동참, 친환경재료 사용 및 지구 자원 보호

  ○ 전 세계의 애플 관련 시설은 2018년 4월부터 100% 재생에너지만으로 운용되고 있어, 글로벌 기업운영 영역에서는 이미 탄소중립 달성

    - 2014년부터 데이터센터에서 사용하는 전력을 100% 재생가능에너지로 가동 중이며, 사무실 및 소매점에서 사용하는 에너지도 100% 재생에너지로 대체

    - 2017년 4월에 준공한 신사옥 '애플파크'는 지붕 전체가 태양광에너지패널로 설계되어 총 14MW의 전력 생산

  ○ 2030년까지 공급망(소재, 부품, 제품조립 관련 공급사)을 포함하여 제품 주기를 아우르는 기업활동 전반으로 탄소중립을 달성하겠다는 계획 발표

    - 애플이 남기는 탄소 발자국 중 77%가 공급망에서 발생함에 따라 공급망의 탄소중립 달성을 중요한 과제로 추진 중

    - 2015년부터 공급사 청정에너지 프로그램(Supplier Clean Energy Program)을 운영해 오고 있으며, 2021년 10월 기준 총 175개 협력업체가 재생에너지 사용으로 전환할 예정임을 밝혔음

〈그림3-7〉 효과적 단어선택 제목 예시[10]

---

10) 애플이 ESG에 적극적인 이유(POSRI 이슈리포트 '22.7.7.)

다섯째, 3S(Simple, Short, Sharp)로 집중력을 높여라.

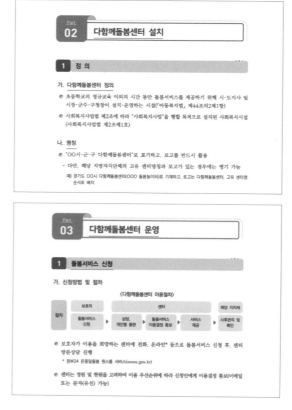

〈그림3-8〉 3S(Simple, Short, Sharp) 제목 예시[11]

보고서 제목에서 읽는 사람에게 집중력을 높이고 싶다면 3S
를 명심해서 작성해야 한다. 간결함(Simple)과 짧음(Short), 명확성

---

11) 2022 다함께 돌봄 사업안내(보건복지부, 2022.1.)

(Sharp)을 통해 읽는 사람 집중력을 최대한 끌어 모을 수 있다. 이러한 제목을 만들기 위해서는 먼저 핵심을 뽑아내는 키워드를 나열하여 제목을 작성한 후 핵심을 압축한다. 그리고 한 번 더 압축한다.[12]

보고서를 작성하며 처음부터 완벽한 제목을 만들기는 쉽지 않다. 수차례 반복되는 수정과정을 거쳐야 어느 정도 마음에 드는 제목을 만들어 낼 수 있다. 다음에서 기관이 주장하고 싶은 제목을 효과적으로 만들어 갈 수 있는 '제목 가다듬기 7가지 체크리스트'를 제시한다.

기관의 보고서를 좋은 제목으로 가다듬는 데 아래 〈표3-3〉의 체크리스트가 유용하게 활용되길 바란다.

### 〈표3-3〉 제목 가다듬기 7가지 체크리스트

| 제목 가다듬기 체크사항 | 점검 Y | 점검 N | 가다듬을 방향 |
|---|---|---|---|
| 1) 주장 내용을 포괄하는 제목인가? | | V | 주장하고 싶은 가치와 의미 포함 |
| 2) 평가위원이 쉽게 이해할 수 있는 제목인가? | | V | 이해를 돕는 효과적인 단어 선택 |
| 3) 평가위원 눈높이에 맞는 용어를 사용하였는가? | | V | 전문기술 용어를 일반사용 용어로 변경 |
| 4) 핵심성과는 제대로 표현되었는가? | | V | 숫자 활용, 상대비교, 성과의미 등 표현 |
| 5) 평가위원의 흥미를 유발할 수 있는가? | | V | 공공기관이 이런 일도? 궁금증 표현 |
| 6) 복잡하고 장황한 표현 없이 정확하고 간결한가? | | V | 한 개 메시지, 과도한 수식과 중복 제거 |
| 7) 일목요연하고 가독성은 좋은가? | | V | 원인, 노력, 결과를 간결논리로 표현 |

12) 기적의 책쓰기, 이 책 한 권이면 다된다(김병완, 플랫폼연구소, 2021.4.)

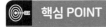 

▶ **데이터를 포함하여 신뢰도를 높여라**

    – 제목에 데이터를 포함하여 주장내용의 객관성과 신뢰성을 높여라.

    – 구체적인 숫자로 성과의 수준을 명확히 전달하라.

▶ **리듬감 패턴으로 읽기 쉽게 하라**

    – 글자 수와 길이, 조사, 규칙성을 이용한 반복패턴으로 리듬감을 구성하라.

    – 읽기 편하고 다른 제목과 쉽게 의미가 비교되도록 표현하라.

▶ **감성제목으로 강한 인상을 남겨라**

    – 논리적인 보고서에 이성을 뛰어넘는 감성제목으로 자극하라.

    – 평가위원 눈길을 끄는 인상 깊은 제목으로 표현하라.

    – 반복적인 감성제목은 가벼움을 줄 수 있음을 유의하라.

▶ **효과적 단어선택으로 흥미를 이끌어라**

    – 식상한 보고서가 되지 않게 세부평가내용 키워드 반복을 자제하라.

    – 전달력이 떨어지는 일반용어 일색의 정형화된 제목을 피하라.

    – 넓고 깊은 의미로 전달할 수 있는 창의적인 단어를 찾아라.

▶ **3S(Simple, Short, Sharp)로 집중력을 높여라**

    – 간결함, 짧음, 명확성을 통해 읽는 사람의 집중력을 높여라.

    – 핵심을 뽑아낸 후 핵심을 압축하고 또 압축하라.

▶ **'제목 가다듬기 7가지 체크리스트'를 이용하여 반복해서 가다듬어라**

138

# 6 시각정보로 가독성을 향상하라

　기관이 1년 동안 노력한 우수성과를 선별해 보고서를 완성했더라도 평가위원이 읽기 힘들다면 의미를 전달하기 쉽지 않다. 읽기 힘든 보고서란 평가위원이 실적내용을 이해하기 힘든 보고서를 말한다. 이처럼 보고서 가독성은 기관의 주장을 평가위원에게 정확하게 이해시키는 측면에서 중요한 이슈다.

　가독성이란 문자, 기호 또는 도형이 얼마나 쉽게 읽히는가에 대한 능률의 정도를 말한다. 그렇다면 기관이 보고서 가독성을 높이기 위해 어떠한 노력을 해야 할까? 다음에서 시각효과와 패턴구조 형식화를 통해 기관이 작성하는 보고서의 가독성을 효과적으로 높이는 두 가지 방안을 제시한다.

첫째, 시각효과 향상을 통해 가독성 높이는 방안이다.


① 텍스트 편집변화를 활용한 가독성 향상

- 주요내용 진하게 표시 Keyword 강조

- ❶❷❸ 문단 간격 조절로 복잡성 완화

- 장평과 자간 축소로 내용 슬림화

□ 이러한 인식하에 정부는 공공기관 3대 혁신과제를 중점 추진할 계획

❶ (생산성 제고) 민간경합·중복 등 기능조정, 과다한 조직·인력·복리후생·
   불요불급한 자산 등 방만경영요소 정비, 재무건전성 확보 등

❷ (관리체계 개편) 공공기관 지정기준 정비 등을 통해 기재부 직접 경영
   감독 기관을 축소하고, 재무성과 지표비중 확대 등 경영평가제도 개편

❸ (민간-공공기관 협력 강화) 공공기관 보유 빅데이터, 기술·특허 등
   개방·공유, 중소기업 ESG경영 지원 등

□ 정부는 첫 번째 과제인 '❶생산성 제고'와 관련하여,

o 지난 6.30일 「재무위험기관 집중관리제도」를 발표하였고,

□ 이러한 인식하에 정부는 공공기관 3대 혁신과제를 중점 추진할 계획

❶ [생산성 제고] 민간경합·중복 등 기능조정, 과다한 조직·인력·복리후생·
   불요불급한 자산 등 방만경영요소 정비, 재무건전성 확보 등

❷ [관리체계 개편] 공공기관 지정기준 정비 등을 통해 기재부 직접 경영
   감독 기관을 축소하고, 재무성과 지표비중 확대 등 경영평가제도 개편

❸ [민간-공공기관 협력 강화] 공공기관 보유 빅데이터, 기술·특허 등
   개방·공유, 중소기업 ESG경영 지원 등

□ 정부는 첫 번째 과제인 '❶생산성 제고'와 관련하여,

o 지난 6.30일 「재무위험기관 집중관리제도」를 발표하였고,

**〈그림3-9〉 텍스트 편집 예시**[13]

---

13) 새정부 공공기관 혁신가이드라인 보도자료('22.7.29.)

② 표 편집 변화를 활용한 가독성 향상

  – 표 테두리 좌/우 제거로 개방성 향상

  – 표 공백 최소화로 내용 충실성 강조

  – 표 테두리 선 상/하 굵기와 글씨 정렬로 집중도 향상

□ 기관별 재무상황에 맞는 맞춤형 세부평가지표를 선정하였음

  ㅇ 각 기관의 부채비율, 자체수입비율 등을 감안하여 유형을 분류하고 각 유형의 특성에 맞게 3개 영역(활동성·수익성·안정성)의 가중치를 차등 적용하였음

    * (예시) 공기업 중 부채규모가 크고 부채관리가 중요한 기관은 안정성 지표의 가중치를 높게 설정

| | 활동성 | 수익성 | | 안정성 | |
|---|---|---|---|---|---|
| 공기업 | 총자산회전율 | 영업이익률 | EBITDA*/매출액 | 부채비율 | 이자보상비율 |
| 준정부기관 | 사업비집행률 | 자체수입증가율 | | 자산부채비율 | |

    * 이자, 법인세, 감가상각비 차감 전 영업이익으로, 기업이 영업활동을 통해 벌어들이는 현금창출 능력을 보여주는 수익성 지표(Earnings Before Interest, Taxes, Depreciation and Amortization)

□ 기관별 재무상황에 맞는 맞춤형 세부평가지표를 선정하였음

  ㅇ 각 기관의 부채비율, 자체수입비율 등을 감안하여 유형을 분류하고 각 유형의 특성에 맞게 3개 영역(활동성·수익성·안정성)의 가중치를 차등 적용하였음

    * (예시) 공기업 중 부채규모가 크고 부채관리가 중요한 기관은 안정성 지표의 가중치를 높게 설정

| | 활동성 | 수익성 | | 안정성 | |
|---|---|---|---|---|---|
| 공기업 | 총자산회전율 (매출/총자산) | 영업이익률 | EBITDA*/매출액 | 부채비율 (부채/자본) | 이자보상비율 (영업이익/이자비용) |
| 준정부기관 | 사업비집행률 | 자체수입증가율 | | 자산부채비율 (부채/자산) | |

    * 이자, 법인세, 감가상각비 차감 전 영업이익으로, 기업이 영업활동을 통해 벌어들이는 현금창출 능력을 보여주는 수익성 지표(Earnings Before Interest, Taxes, Depreciation and Amortization)

**〈그림3-10〉 표 편집 예시**[14]

---

14) 2022년도 공공기관 경영평가편람 수정 보도자료('22.10.6.)

### ③ 그래프를 활용한 가독성 향상[15]

### – 막대그래프 활용 비교분석

〈주요국 20년 취업자·실업자 증감률〉

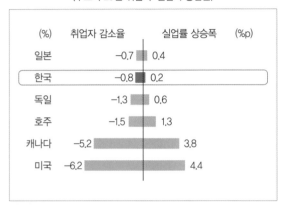

〈위기 이전(19년) 대비 5분위배율 증감〉

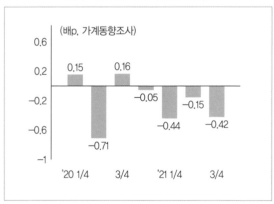

**〈그림3-11〉 막대그래프 활용 예시**

15) 2022년도 기재부 업무보고자료('21.12.22.)

## – 선그래프 활용 추세 비교

〈주요국 GDP 추이〉

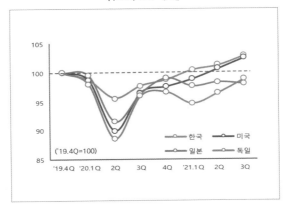

〈100대 핵심품목 수입의존도〉

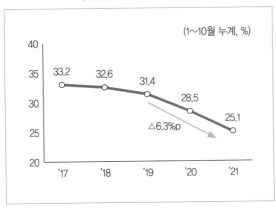

**〈그림3-12〉 선그래프 활용 예시**

## – 원그래프와 혼합 그래프 활용 비중비교

〈수소차 글로벌 시장 점유율(21년 상반기)〉

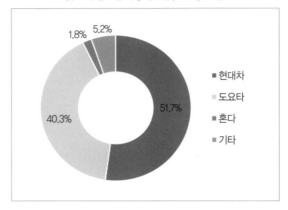

〈유니콘기업 및 벤처천억기업 수〉

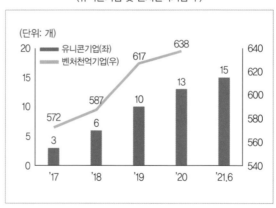

**〈그림3-13〉 원/혼합 그래프 활용 예시**

둘째, 패턴구조 형식화로 논리적 이해를 높이는 방안이다.

논리적 내용구성은 흐름패턴, 비교패턴, 유형패턴 등 세 가지 패턴으로 형식화하여 활용할 수 있다.[16] 세 가지 패턴에 대한 세부적인 예시는 다음과 같다.

① 흐름패턴

흐름패턴은 사건의 변화과정을 시간, 절차, 인과흐름으로 구성하여 읽는 사람이 시각적으로 빠르게 이해하는 데 유용하다.

❷ '정책캘린더' 제시로 향후 질서 있게 정책과제 추진
• ①탄소중립 **시나리오** 마련(~'21.6), ②**핵심정책 추진전략** 수립('21),
③**국가계획** 반영('22~'23) 순서로 준비·추진

| ① 2050 탄소중립 시나리오<br>(~'21.6) | ② 핵심정책 추진전략 수립<br>(2021) | ③ 국가계획 반영<br>(2022~2023) |
|---|---|---|
| • 탄소중립을 위한 **부문별** 감축 잠재량 분석<br>• 탄소중립 복수시나리오 마련 | • 시나리오 토대로 에너지·산업·수송 등 **분야별** 전략 마련 | • 2030 NDC 상향 추진<br>• 관련 법정계획 정비<br>• 에너지기본계획, 전력수급기본계획, 기후변화대응 기본계획 등 |

- 국책연구기관(온실가스종합정보센터 총괄) 중심으로 **복수 시나리오**
  (기술발전 强·中·弱별) **마련**(6개월 소요 예정)

❷ (밸류체인) 산업 밸류체인 전반의 혁신 가속화로 「①연·원료 →
②공정 → ③제품 → ④소비·자원 순환」 全 과정의 탄소중립 실현
• (연·원료) 탄소함유 원료를 低·無 탄소 원료로 대체
• (생산공정) 탈탄소+디지털 지능형 설비·공정으로 전환
• (제품) 전기·수소차 등 친환경 고부가 유망품목으로 전환
• (소비·순환) 폐기물 재활용·자원화, 에너지 회수 등

**〈그림3-14〉 시간/인과 흐름패턴 예시[17]**

---

16) 보고서 작성 실무강의, 홍장표, 2020.
17) 2050 탄소중립 추진전략('20.12.7.)

② 비교패턴

비교패턴은 적합한 비교 기준을 설정해 읽는 사람에게 비교결과를 보여주면서 설득력을 높이는 데 효과적이다.

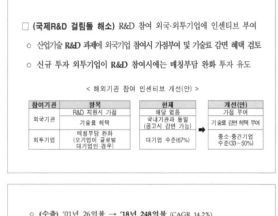

〈그림3-15〉 비교패턴 예시[18]

---

18) 제1차 소재·부품·장비산업경쟁력강화 기본계획('20.10.14.)

③ 유형패턴

유형패턴은 개념적으로 유사한 범주별로 분류하여 읽는 사람에게 내용을 효율적으로 전달하는 데 효과적이다.

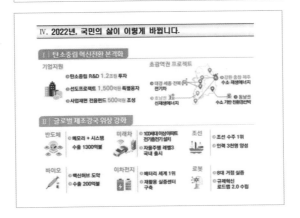

**〈그림3-16〉 유형패턴 예시**[19]

---

19) 2022년도 산업부 업무계획('21.12.29.)

▶ **시각효과 향상을 통한 가독성 높이는 방안**

  – 텍스트 편집 변화를 활용한 가독성 향상

    • 중요내용 진하게 Keyword 강조, 문단간격 조절 복잡성 완화, 장평과 자간 축소
슬림화

  – 표 편집 변화를 활용한 가독성 향상

    • 테두리 좌/우 제거 개방성,  공백 최소화 내용 충실성, 상/하 굵기와 글씨정렬로
집중도 향상

  – 그래프를 활용한 가독성 향상

    • 막대그래프비교분석, 선 그래프 추세비교, 원그래프와 혼합그래프 비중비교

▶ **패턴구조 형식화로 논리적 이해를 높이는 방안**

  – 흐름패턴: 사건 변화과정을 시간, 절차, 인과흐름으로 빠른 이해력 구성

  – 비교패턴: 읽는 사람에게 비교결과를 보여주는 설득력 있는 구성

  – 유형패턴: 유사범주별로 분류하여 내용을 효율적으로 전달하는 구성

148

# 평가등급을 향상시키는
## Top 9 Point

**평정원리를 알고 달성목표를 수립하라**

### 평가등급이 2개라고? 우리 기관 평가등급은 뭐야?

공공기관 경영평가 결과는 상대평가와 절대평가 두 가지로 구분되며, 평가등급은 탁월(S), 우수(A), 양호(B), 보통(C), 미흡(D), 아주미흡(E) 등 6가지로 제시된다. 2021년도까지 상대와 절대평가 등급은 다시 종합, 경영관리, 주요사업 등 6개 등급으로 세분화하여 발표하였으나, 2022년도 평가에서는 〈표4-1〉과 같이 최종 2가지 평가등급이 발표되고 있다.

매년 기재부가 발표하는 기관을 대표하는 평가등급은 상대평가 '종합'등급이다. 이 2가지 평가등급은 기재부 경영평가 성과급 지급률 결정에 적용된다.

**〈표4-1〉 공공기관 경영평가 등급**

| 구분 | 종합등급 | 성과급 지급률 적용 기준 |
|------|----------|------------------------|
| 상대평가 | S | * 상대평가 50%, 절대평가 50% 기준 성과급 지급 |
| 절대평가 | A | * 기관별 실적개선도를 성과급 지급률에 가산 |

**\* 평가등급 수준 정의**

▶ 탁월(S): 모든 경영영역에서 체계적인 경영시스템을 갖추고 효과적인 경영활동이 이루어지고 있으며, 매우 높은 성과를 달성하고 있는 수준

▶ 우수(A): 대부분의 경영영역에서 체계적인 경영시스템을 갖추고 효과적인 경영활동이 이루어지고 있으며, 높은 성과를 달성하고 있는 수준

▶ 양호(B): 대부분의 경영영역에서 양호한 경영시스템을 갖추고 있고 양호한 성과를 달성하고

있는 수준

▶ 보통(C): 대부분의 경영영역에서 일반적인 경영시스템을 갖추고 있고 일반적인 경영활동이 이루어지고 있는 수준

▶ 미흡(D): 일부 경영영역에서 일반적인 경영시스템을 갖추고 있지만 성과는 다소 부족한 수준

▶ 아주미흡(E): 대부분의 경영영역에서 경영시스템이 체계적이지 못하고 경영활동이 효과적으로 이루어지지 않으며 개선 지향적 체계로의 변화 시도가 필요한 수준

## 상대평가는 뭐고, 절대평가는 뭐야?

기재부 평가결과는 상대와 절대평가 등 2개 평가등급이 제시된다. 이처럼 상대와 절대평가를 병용하여 평가하게 된 배경은 두 가지 이유가 있다. 하나는 상대평가로 인해 불필요한 경쟁이 유발되어 국가발전에 필요한 기관 간 협업조차도 제한되는 역효과를 방지하기 위함이다. 또 하나는 경영실적이 개선되었음에도 상대평가라는 제도로 인해 하위등급을 받게 되는 불이익을 보완하는 측면이 고려되었다.

상대와 절대평가등급을 산정하는 방식은 〈그림4-1〉과 같다. 비계량지표는 평가위원 정성평가를 통해 9등급(A+, A0, B+, B0, C, D+, D, E+, E0)으로 평가한 후 가중치를 적용하여 평가지표별 환산점수를 산출한다. 계량지표는 지표득점률에 가중치를 적용하여 환산점수를 산출한다. 이후 경영관리와 주요사업 범주에 대한 상대평가 점수가 산정되며, 여기에 가점지표를 합산하여 '종합' 상대평가 등급을 산정한다.

상대평가는 공기업과 준정부기관의 평가대상 유형별 그룹에서

서열화하여 종합등급으로 구분하여 배분비율에 따라 S~E등급을 부여한다. 절대평가는 공공기관의 3년 평균과 표준편차를 고려하여 산정한다.

| 구 분 | 지표평가 | 가중치 | 점수환산 | | 상대평가 | 절대평가 |
|---|---|---|---|---|---|---|
| 총계(1+2+3) | | 102 | | ➡ | 종합등급 | 종합등급 |
| 1. 경영관리 범주 | | 50 | | | | |
| 가. 비계량 | 9등급 | | | ➡ | 경영관리 합산 | 경영관리 합산 |
| 나. 계량 | 득점률 | | | | | |
| 2. 주요사업 범주 | | 50 | | | | |
| 가. 비계량 | 9등급 | | | ➡ | 주요사업 합산 | 주요사업 합산 |
| 나. 계량 | 득점률 | | | | | |
| 3. 가점지표 | 9등급 | 2 | | 종합으로 반영 | | |

**〈그림4-1〉 상대평가와 절대평가**

## 우리 기관 평가등급은 어떻게 정해지지?

기관은 세 개의 평가주체로부터 경영평가를 받는다. 경영관리 범주는 계량과 비계량 등 두 개 평가팀이 별도로 구성되고, 주요사업 범주는 한 개 평가팀이 계량과 비계량지표 모두를 평가한다. 평가팀은 경영실적보고서를 우편으로 송부받은 후에 계획된 일정에 따라 경영평가를 진행한다. 최종 평가결과가 나오기까지는 ① 비계량지표 평가등급 산정, ② 계량지표 실적 확정, ③ 가중치를 적용한 점수환산, ④ 상대와 절대평가 등급산정, ⑤ 공운위 의결과 최종 결과발표 등 3월에서 6월까지 약 4개월 동안 복

152

잡한 평가과정을 거치게 된다. 각 과정의 주요 진행내용을 살펴
보면 다음과 같다.


① 비계량지표 평가등급 산정

비계량지표 평가방식은 계량지표에 비해 과정이 복잡하다. 평
가등급은 〈표4-2〉와 같이 C등급(보통)을 기준으로 5등급(A~E)
으로 구분하고, 각각의 기본등급보다 우수성과를 낸 경우 +점수
를 부여하여 최종 9등급(A+~E0)으로 평가한다. 평가방식은 각
지표별 전체 세부평가내용을 대상으로 '전반적인 운영실적 수준'
과 '전년대비 개선도'를 고려하여 등급을 산정한다. 아래 〈표4-2〉
에서 나타나듯이 두 가지 관점을 고려하여 두 단계 위아래로 급

### 〈표4-2〉 비계량지표의 등급설정과 평점

| 등급 | 평점 |
|---|---|
| A+ | 100 |
| A0 | 90 |
| B+ | 80 |
| B0 | 70 |
| C | 60 |
| D+ | 50 |
| D0 | 40 |
| E+ | 30 |
| E0 | 20 |

| | | 전반적 운영실적 수준 | | | |
|---|---|---|---|---|---|
| | | 탁월 | 우수 | 보통 | 미흡 |
| 전년대비 개선도 | 탁월 | A+ | A0 | B+ | B0 |
| | 우수 | A0 | B+ | B0 | C |
| | 양호 | B+ | B0 | C | D+ |
| | 보통 | B0 | C | D+ | D0 |
| | 미흡 | C | D+ | D0 | E+ |
| | 부진 | D+ | D0 | E+ | E0 |

〈사례〉 전년도 평가결과 C인 상황에서
　　　 – 금년도 '전반적 운영실적 수준'은 우수(B0), 보통(C), 미흡(D+)로 평가할 수 있고
　　　 – '전년대비 개선도'는 우수(B0), 양호(C), 보통(D+)으로 평가할 수 있음
　　　 – 따라서 두 기준 모두 고려해서 산정할 수 있는 평가등급은 우수(B0), 양호(C), 미흡(D+)
　　　　 중 하나임

격하게 등급이 상승하거나 하락하기가 쉽지 않은 평가방식이다. 다만 도덕적 해이 사례와 같이 지속적인 지적을 받았음에도 개선노력이 극히 미흡하거나 사회적 물의를 일으킨 중대한 사안인 경우는 최하위 등급으로 평가할 수 있도록 한다.

## ② 계량지표 실적 확정

계량지표는 평가편람에 규정하고 있는 지표정의, 평가방식, 산식에 대해 기관이 제출한 실적자료가 적정한지를 검증하고 평가한다. 지표별 평가점수는 평가지표 득점률에 가중치를 곱하여 점수를 환산한다. 기관마다의 경영환경 차이로 일부지표가 점수산정이 불가능할 경우에는 이를 제외한 점수를 100점으로 환산하여 범주별 평가결과를 산출한다.

경영관리범주 계량지표는 공공기관 유형별로 공통지표로 구성된다. 전 기관에 일관성 있는 기준 적용과 형평성을 고려하기위해 별도의 계량평가단이 구성된다. 주요사업범주 계량지표는기관이 수행하는 고유사업의 핵심성과를 산식에 의해 평가한다. 하나의 평가팀에서 계량실적과 계량에서 제시하지 못한 추진계획과 성과관리적정성을 비계량으로 평가한다.

다음은 평가팀이 주요사업 범주 계량지표를 평가할 때 확인하는 내용이다.

- 평가지표 실적산정 적용의 일관성과 적절성
  - 평가지표 변동(산식, 변수 등), 신규지표(과거실적 산정근거 등) 예외적용 여부
- 실적반영의 적정성
  - 제출자료, 현업자료(ERP 등), 외부보고자료 등의 실적대조 확인
  - 외부통계자료, 감사 및 회계보고서, 정보보고 자료와 경영성과협약서 대조 확인
  - 분모와 분자의 산정대상 불일치, 중복과 누락으로 과다 또는 과소산정 확인
- 편람에서 규정하는 지표정의, 평가방식, 산식, 산출 고려사항 적용 적정성
- 지표산정 기준과 자료 활용의 계속성 여부(전년도 계량 증빙자료 비교검토)
- 통제불능성 판단의 적정성

③ 가중치를 적용한 점수환산

평가편람의 경영관리와 주요사업 범주 계량과 비계량지표 가중치를 적용하여 평가점수로 환산한다. 점수환산 시 비계량지표는 〈표4-2〉의 9개 평가등급×평점으로 계산한 후 가중치를 적용해 점수를 환산하고, 계량지표는 실적률에 가중치를 적용해 산출한다. 평가점수 환산과정을 쉽게 이해할 수 있도록 아래 〈표4-3〉에서 상세히 설명한다.

**〈표4-3〉 평가지표별 가중치 점수환산(예시)**

| 구분 | 가중치 | 등급 | 득점 | 비고 |
|------|--------|------|------|------|
| 총계 (가점포함) | 105.5 | 76.64% | 80.856 | |
| 득점 계(계량, 비계량) | 99.5 | 77.44% | 77.056 | |
| 1. 경영관리범주 | 54.5 | 73.73% | 40.183 | |
| 1.1. 경영관리 비계량 | 36.5 | 63.70% | 23.250 | |
| 전략기획 | 2.0 | B0 | 1.400 | 2.0×70% |

| | | | | |
|---|---|---|---|---|
| 경영개선 | 2.0 | C | 1.200 | 2.0×60% |
| 리더십 | 2.0 | C | 1.200 | 2.0×60% |
| 1.2. 경영관리 계량 | 18.0 | 94.07% | 16.933 | |
| 일자리 창출 | 2.0 | 94.15% | 1.883 | 2.0×94.15% |
| 비정규직·간접고용의 정규직 전환 실적 | 0.5 | 100.0% | 0.500 | 0.5×100.0% |
| 청년미취업자 고용 실적 | 1.5 | 92.20% | 1.383 | 1.5×92.20% |
| 2. 주요사업범주 | 45.0 | 81.94% | 36.873 | |
| 2.1. 주요사업 비계량 | 21.0 | 64.76% | 13.600 | |
| 주요사업 성과관리의 적정성 | 17.0 | | 11.600 | |
| 주요사업 1 | 11.0 | B0 | 7.700 | 11.0×70% |
| 주요사업 2 | 3.0 | B0 | 2.100 | 3.0×70% |
| 계량지표 구성 적정성 및 목표의 도전성 | 4.0 | D+ | 2.000 | 4.0×50% |
| 2.2. 주요사업 계량 | 24.0 | 96.97% | 23.273 | |
| 주요사업 계량 1 | 6.0 | 95.05% | 5.703 | 6.0×95.05% |
| 주요사업 계량 2 | 5.0 | 100.0% | 5.000 | 5.0×100.0% |
| 3. 혁신성장 가점 | 2.0 | B0 | 1.400 | 2.0×70% |
| 4. 코로나19 가점 | 3.0 | C | 1.800 | 3.0×60% |
| 5. 기타가점(혁신/협업/시민참여우수과제) | 1.0 | 0.60 | 0.600 | 1.0×0.60% |

④ 상대와 절대평가 등급산정

경영관리와 주요사업 평가등급이 정해지고 가점을 합산한 총 득점 기준으로 평가등급 '종합'이 정해진다. 〈표4-4〉는 공공기관 평가에서 나타난 평가등급별 기관 수 현황이다.

상대평가 등급은 3개년 평균으로 공기업은 A등급 이상 6.7개 (19.4%), B등급 13개(36.1%), C등급 12개(33.3%), D등급 이하 3.3개 (11.1%)를 차지하고 있다. 준정부기관(강소형 제외)도 A등급 10.3개 (19.3%), B등급 20.7개(38.5%), C등급 14.7개(27.3%), D등급 이하

**〈표4-4〉 최근 3년 공공기관 평가등급 기관 수 현황(종합 기준)**

(단위: 기관 수)

| 구분 | 2019년도 | | 2020년도 | | 2021년도 | | 3개년 평균 | |
|---|---|---|---|---|---|---|---|---|
| | 상대평가 | 절대평가 | 상대평가 | 절대평가 | 상대평가 | 절대평가 | 상대평가 | 절대평가 |
| S등급 | 0 | | 0 | | 1(0+0) | | 0.3(0+0) | 0.0(0.0+0.0) |
| A등급 | *6(10+5) | 6(2+5) | 6(11+6) | 0(3+6) | 8(10+5) | 9(18) | 6.7(10.3+5.3) | 5.0(7.7+5.5) |
| B등급 | 14(21+16) | 14(31+16) | 16(19+17) | 8(21+17) | 9(22+17) | 22(31) | 13.0(20.7+16.7) | 14.7(27.7+16.5) |
| C등급 | 13(12+15) | 14(14+15) | 10(15+10) | 16(18+10) | 13(17+10) | 5(8) | 12.0(14.7+11.7) | 11.7(13.3+12.5) |
| D등급 | 3(6+7) | 2(2+7) | 3(8+7) | 11(9+7) | 4(6+5) | 0 | 3.3(6.7+6.3) | 4.3(3.7+7.0) |
| E등급 | 0(1+0) | 0(1+0) | 1(1+1) | 1(3+1) | 1(2+0) | 0 | 0.7(1.3+0.3) | 0.3(1.3+0.5) |

＊예시 6(10+5): 공기업 6개, 준정부 강소형 제외 10개, 강소형 5개(21년 강소형 절대평가 없음)

8개(14.9%)다. 두 유형의 등급분포가 거의 유사하게 나타나고 있다. 이는 전체기관의 평가등급산정 시 기관유형별로 일정 기준의 등급분포도에 따라 평가등급이 배분됨을 확인할 수 있다.

절대평가 등급산정은 우선 공공기관 전체의 과거 3년 동안 실적평균과 표준편차를 계산한 후에 개별 공공기관의 평가연도 개선수준과 비교해 개선정도에 따라 평가등급을 부여한다. 절대평가는 당해 연도의 개별 공공기관의 개선수준에 따라 등급이 정해지다 보니 연도별 편차가 크게 나타나고 있다.

⑤ 공운위 의결과 평가등급 최종발표

평가편람은 기재부장관이 매년 6월 20일까지 공기업·준정부기관의 경영실적평가를 마치고 공운위 심의와 의결을 거쳐 결과를 확정한다고 명시한다. 공운위 의결 후 기재부가 주관하는 기자회견과 보도자료를 통해 기관은 최종 평가결과를 확인하게 된다.

　기재부 경영평가는 40년을 이어온 대한민국 최고의 평가모델로서 체계적이고 공정한 평가시스템으로 인정받고 있다. 지금까지 경영평가의 평가등급 의미를 파악해보며 등급이 정해지는 세부적인 과정도 살펴보았다. 기관이 우수한 평가등급을 받기 원한다면 가장 먼저 평가등급이 정해지는 메커니즘을 정확히 이해해야 한다. 이후에 전년도 평가등급 기준으로 기관이 달성하고 싶은 합리적인 달성목표를 계획할 수 있다. 목표를 수립하고 난후에는 전년도 부진지표와 금년도 핵심이슈 지표에 대한 집중공략 계획을 수립해 실행해야 할 것이다.

 **핵심 POINT**　　**1. 평정원리를 알고 달성목표를 수립하라**

▶ **평가등급이 2개라고? 우리 기관 평가등급은 뭐야?**
　　- 경영평가는 상대평가와 절대평가로 등급이 구분되고,
　　- 상대와 절대평가등급은 종합등급으로 발표된다.
　　- 등급은 탁월(S), 우수(A), 양호(B), 보통(C), 미흡(D), 아주미흡(E)으로 제시된다.

▶ **상대평가는 뭐고, 절대평가는 뭐야?**
　　- 상대평가는 평가대상 유형별로 서열화한 후 종합등급으로 구분하여 배분비율에
　　　따라 S~E등급을 부여한다.
　　- 절대평가는 전체 공공기관의 과거 3년 동안 실적평균과 표준편차를 계산한 후 개
　　　별기관 개선 정도에 따라 정해진다.

▶ **우리 기관 평가등급은 어떻게 정해지지?**
　　- 비계량지표 평가등급 산정
　　- 계량지표 실적 확정
　　- 가중치를 적용한 점수환산
　　- 상대와 절대평가 등급산정
　　- 공운위 의결과 평가등급 최종발표

▶ **경영평가 메커니즘을 이해하고 달성하고 싶은 평가등급 달성목표를 계획하라**

## 2 평가공동체를 전략적으로 관리하라

공공기관에 대한 경영평가는 경영관리와 주요사업 범주로 구분하여 평가한다. 범주별로 계량과 비계량지표가 설정됨으로써 총 4개 영역에 대한 평가를 진행한다. 4개 영역의 평가 가중치는 매년 편람이 개정되면서 정부정책과 사회적 이슈 등이 고려되어 변화된다. 2022년 편람기준으로 공기업(준정부/위탁)의 경영관리와 주요사업 가중치는 55.0(45.0):45.0(55.0)이며, 비계량과 계량지표 가중치는 48.5(47.5):51.5(52.5)이다.

기관이 경영평가를 잘 받길 원한다면 4개 영역에 대해 전략적으로 접근할 필요가 있다. 경영환경 악화로 일부 실적이 하락하더라도 전체 평가결과에 영향이 최소화되도록 대응해야 한다는 의미이다. 또한 기관의 경영상황이 좋은 경우에는 4개 영역에 대한 전략적인 관리를 통해 최고등급 획득에도 도전할 수 있다. 다음의 경영평가 대응 사례를 통해 4가지 영역에 대한 전략적 대응 시사점을 찾을 수 있다.

### C등급 → A등급기관과, C등급 → E등급기관 차이는?

사례로 2020년과 2021년도 경영평가에서 극단적인 등급변화를 경험한 두 기관이 있다. 2020년도에 두 기관 모두 C등급(보통)

을 받았으나 다음 해에 한 기관은 A등급(우수), 다른 한 기관은 E
등급(아주미흡)으로 평가받는다. 물론 E등급기관이 성과관리를
잘못한 것이라는 단편적 시각으로 볼 수는 없으며, 여러 가지 좋
지 않은 상황이 복합적으로 반영된 결과로 추측된다.

여기서는 두 기관의 평가등급 변화에 대해 어떤 차이가 있었
는지를 세부적으로 분석해봄으로써 전략적인 지표관리 시사점
을 찾고자 한다.

**〈표4-5〉 A등급과 E등급 기관 평가범주별 계량/비계량 점수변동**

(단위: 환산점수)

| 구분 | 연도 | 총점 | 경영비계량 | 경영계량 | 주요사업비계량 | 주요사업계량 |
|---|---|---|---|---|---|---|
| 甲기관 (C등급 → A등급) | 2020 | 69.6 | 20.4 | 16.8 | 13.8 | 18.6 |
| | 2021 | 73.5 | 22.4 ↑ | 16.2 | 13.9 | 21.0 ↑ |
| 乙기관 (C등급 → E등급) | 2020 | 68.0 | 19.4 | 13.6 | 13.5 | 21.6 |
| | 2021 | 64.3 | 17.7 ↓ | 12.5 ↓ | 12.4 ↓ | 21.7 |

(출처: 김태일[20])

C → A등급으로 향상된 甲기관은 전년대비 총점이 3.9점 상승
하였다. 세부적으로 주요사업 계량이 2.4점, 경영관리 비계량이
2.0점 상승하였고 기타 경영관리 계량과 주요사업 비계량은 소폭
하락하는 전년수준을 유지하였다. 반면 C → E등급으로 하락한
乙기관은 총점이 3.7점 하락하였다.

세부적으로 경영관리 비계량이 1.7점으로 크게 하락하였고,

---

20) 공기업경영평가 결과분석 및 시사점 논의(2022년) 고려대, 김태일

경영관리 계량과 주요사업 비계량이 1.1점씩 하락하였다.

### 〈甲기관〉: 주요사업계량이 양호한 상황에서 경영관리비계량 향상으로 A등급 획득

2021년도 주요사업 계량 실적상승(18.6→21.0)시기에 경영관리 비계량에 역량을 집중하여 상승(20.4→22.4)시킴으로써 A등급 획득, 나머지 지표는 전년수준 유지

### 〈乙기관〉: 경영관리계량실적 부진한 상황에서 비계량실적을 활용한 위기극복 실패

2021년도 경영관리 계량실적이 하락(13.6→12.5)하는 시기에 비계량실적(경영19.4→17.7, 주요사업 13.5→12.4)도 상승시키지 못하고 동반하락하면서, 종합 아주미흡 E등급 평정

두 기관 평가결과를 극단적으로 바꾼 가장 큰 요인인 경영관리 비계량 16개지표의 변화를 추가적으로 〈표4-6〉에서 살펴보았다.

경영관리 비계량에서 가장 큰 차이를 보인 것은 재난 및 안전관리에서 한 기관은 0.4점 상승(가중치 6기준 +2.4점)하고 다른 기관은 0.2점(가중치 6기준 1.2점)하락한 것이다. 또한 윤리경영(가중치 5)에서도 甲기관은 D+를 받은 반면, B기관은 E0를 받았다. 추

### 〈표4-6〉 안전관리 포함 사회적 가치구현 항목지표 예시

(단위: 가중치 적용 전 환산점수)

| 구분 | 연도 | 일자리 창출 | 균등기회 사회통합 | 환경 보전 | 재난 및 안전관리 | 상생협력 지역발전 | 윤리 경영 |
|---|---|---|---|---|---|---|---|
| 甲 기관 (C등급 → A등급) | 2020 | 0.7 | 0.7 | 0.7 | 0.2 | 0.7 | 0.6 |
| | 2021 | 0.6 | 0.6 | 0.7 | 0.6 | 0.7 | 0.5 |
| 乙 기관 (C등급 → E등급) | 2020 | 0.7 | 0.6 | 0.6 | 0.4 | 0.6 | 0.3 |
| | 2021 | 0.7 | 0.6 | 0.7 | 0.2 | 0.5 | 0.3 |

(출처: 김태일[21])

측하건데 乙기관은 중대안전사고 발생으로 재난 및 안전관리와 윤리경영에서 낮은 평가를 받은 것으로 보여 진다. 결론적으로 가중치 높은 경영관리 비계량 두 개 지표를 전략적으로 잘 관리한 것과 그렇지 못한 결과의 차이가 C등급에서 A등급과 E등급 가는 길을 바꾼 것이다.

### 평가공동체, 계량이 저조하다고? 비계량으로 극복하자!

주요사업계량지표에서 가장 많이 활용되는 목표부여(편차)방식은 2표준편차로 상·하향되는 목표가 부여된다. 달성하면 할수록 계속해서 목표가 높아지는 구조이다 보니 연속해서 고득점을 획득하기가 쉽지 않다. 실제로 계량실적이 상승하더라도 득점률이 하락하는 경우가 자주 나타난다.

이런 상황을 기관은 어떻게 대응할 수 있는가? 비계량지표를

---

21) 공기업경영평가 결과분석 및 시사점 논의(2022년) 고려대, 김태일

활용해 극복하는 것과 계량지표 밸런싱을 통해 사전 대비하는
방안 등 두 가지 측면에서 생각해볼 수 있다.

먼저, 2019년도 공공기관 경영평가 결과에 나타난 지표득점률
을 토대로 변별력을 분석하였다. 〈표4-7〉를 통해 확인할 수 있듯
이 비중 높은 계량지표 주요사업성과의 평균득점률은 92.433으
로 가장 높게 형성되나 변별계수는 0.085로 낮게 나타났다. 반면,
비계량지표인 성과관리의 적정성, 계량지표 구성의 적정성, 계량
지표 목표의 도전성은 변별계수가 0.123~0.161로 변별계수가 큰
것으로 나타난다. 이는 계량성과가 기관 간 점수에서 변별력은
작은 반면, 비계량성과는 기관 간 평가등급 변별력이 크다는 것
을 의미한다. 즉 주요사업 계량성과가 저조할 경우 변별력이 큰
비계량지표를 활용해서 극복할 수 있음을 시사하고 있다.

### 〈표4-7〉 주요사업 평가지표 변별력 분석(2019년도)

| 구분 | | 평균<br>득점률(A) | 득점률<br>표준편차(B) | 변별계수<br>(B/A) | 최고치 | 최저치 |
|---|---|---|---|---|---|---|
| 비계량 | 성과관리의 적정성 | 65.426 | 10.533 | 0.161 | 90.000 | 40.000 |
| | 계량지표 구성의 적정성 | 67.442 | 8.318 | 0.123 | 90.000 | 50.000 |
| | 계량지표 목표의 도전성 | 67.132 | 9.117 | 0.136 | 90.000 | 40.000 |
| 계 량 | 주요사업 성과 | 92.433 | 7.893 | 0.085 | 100.000 | 59.954 |

* 2019년도는 지표구성 적정성과 목표 도전성이 분리되어 평가되었음(출처: 한국노동연구원[22]자료 부분인용)

........................................................................

22) 경영평가제도 쟁점 및 개선방안(한국노동연구원), 제2장 제2절 평가범주 및 지표의 구성과 내용에 관한 분석(최은석)

앞서 변별력 분석결과의 시사점이 실제 기관의 위기극복에 전략적으로 활용할 수 있는지 사례를 통해 다시 한번 확인해보았다. 다음 〈표4-8〉은 2019년에서 2021년까지 공기업Ⅱ에서 경영평가를 받고 있는 세 기관의 평가득점 현황이다.

〈표4-8〉 개별 공공기관 3개년 경영평가 득점현황(공기업Ⅱ)

| 구분 | | 2019년도 | | | 2020년도 | | | 2021년도 | | |
|---|---|---|---|---|---|---|---|---|---|---|
| | | 비계량 | 계량 | 등급 | 비계량 | 계량 | 등급 | 비계량 | 계량 | 등급 |
| 丙 기관 | 경영관리 | 72.3 | 85.0 | B | 64.5 | 91.9 | A | 55.6 | 79.4 | C |
| | 주요사업 | 60.0 | 98.6 | B | 65.2 | 86.6 | B | 64.7 | 90.1 | B |
| 丁 기관 | 경영관리 | 70.6 | 76.6 | C | 64.5 | 74.4 | C | 62.4 | 86.0 | B |
| | 주요사업 | 74.3 | 82.2 | B | 69.0 | 97.5 | A | 66.1 | 87.4 | B |
| 戊 기관 | 경영관리 | 65.4 | 86.8 | C | 57.5 | 88.5 | B | 61.2 | 90.1 | B |
| | 주요사업 | 54.3 | 85.1 | D | 64.3 | 77.5 | C | 66.1 | 87.5 | B |

\* 등급은 상대평가의 경영관리/주요사업 등급임          (출처: 경영실적평가 발표자료)

상기사례에서 丙기관(98.6→86.6→90.1), 丁기관(82.2→97.5→87.4)의 주요사업 계량실적은 연도별 상승과 하락을 반복한다. 하지만 평가등급은 丙기관(B→B→B), 丁기관(B→A→B) 모두 연속해서 B등급(양호)이상을 받았다. 전략적으로 계량성과를 잘 관리한 기관이다.

### 〈丙기관〉: 계량실적 위기상황에서 비계량실적 향상으로 극복

2020년도 주요사업 계량성과 하락(98.6→86.6)시기에 비계량실적(60.0→65.2)을 상승시킴으로써 B등급 유지, 등급하락 위기를 극복한 이후에는 차년도 다시 계량실적 재상승

### 〈丁기관〉: 계량실적 양호상황에서 비계량실적 향상으로 A등급 획득

2020년도 주요사업 계량성과 상승(82.2→97.5)시기에 비계량실적(평균 62.3*→69.0)이 향상됨으로써 A등급 획득, 등급상승 기회에 전략적인 비계량지표 관리로 최고등급 달성.

\* 평균 62.3: 2020년도 공기업Ⅱ 26기관 주요사업 평균득점률(69.0은 4위 수준임)

하지만 戊기관은 2019년 계량득점률은 85.1로 보통수준이나 54.3의 낮은 비계량득점률('19 공기업Ⅱ 26기관 주요사업비계량 평균득점률 64.9)로 D등급(미흡)을 받았다. 차년도에도 저조한 계량실적 상황에서 비계량실적이 소폭 상승하며 C등급에 머물러야 했다.

### 〈戊기관〉: 계량실적 위기상황에서 비계량실적 정체로 위기극복 실패

2020년도 주요사업 계량성과 하락(85.1→77.5)시기에 비계량실적(64.3)의 평균수준에 머물면서 C등급 득점, 계량실적 위기에서 비계량 상승한계로 위기극복 실패.

다음은 새로운 계량지표 발굴을 통해 계량지표 밸런싱으로

대응하는 방법이다.

기관은 매년 계량지표개선을 기재부에 요청하고 승인받는 기회가 있다. 기관이 요청한 지표개선은 기재부 회의에서 지표적합성 심의를 거쳐 수용여부가 결정된다. 이러한 지표개선 과정을 활용해 기관 주요사업 계량지표를 밸런싱하는 방법으로 전략적 대응이 가능하다.

공공기관 유형별로 24~31가중치(100점 기준)인 주요사업 계량지표는 보통 3~5개의 단위사업으로 나뉘어 운영된다. 지표개선 시 사업별 가중치배분에 전략적으로 접근하는 것이다. 사업단위로 가중치를 적절하게 밸런싱함으로써 한두 개의 사업성과가 저조하더라고 나머지 사업에서 이를 극복할 수 있도록 설계하는 것이다. 즉 매년 계량지표 종합성과에서 평균이상 득점이 확보되도록 밸런싱하는 것이다. 급격한 고득점과 저득점이 반복되는 롤러코스터 상황이 되지 않도록 하기 위함이다. 이를 위해 지표개선 시 현행지표 득점률과 새롭게 신설하는 지표의 미래실적을 예측하여 전략적 득점이 가능한 구조로 설계한다.

### 코로나19, 글로벌전쟁, 태풍⋯
### 사업실적이 엉망이네, 어떻게 하지?

최근 코로나19로 인한 사회적 거리두기, 국제전쟁으로 인한 에너지가격 급등과 글로벌 무역분쟁 등은 공공기관 주요사업에 직접적인 영향을 미치기도 한다. 이러한 예상치 못한 기관의 경영 환경 변화는 주요사업 계량성과에 막대한 타격을 줄 수 있다.

이런 경우 기관은 어떠한 전략으로 대응할 수 있는가? 예상하지 못한 환경변화로 사업실적이 저조할 경우에는 등급을 올리려는 노력보다 전년도 등급을 유지하는 전략이 보다 현실적인 선택일 것이다. 다음에서 전략실행에 도움이 될 수 있는 두 가지 방안을 제시한다.

첫째, 평가에서 절반 가까운 비중을 차지하는 경영관리범주를 활용해 전년수준 유지를 위해 노력한다. 비계량지표 가중치에서 주요사업범주 21~24에 비해 경영관리범주가 23.5~27.5로 크기 때문에 충분히 위기극복에 활용할 수 있다. 경영관리범주는 전 기관(또는 유형별)이 동일지표로 구성되며, 정부정책이나 공공성에 필요한 계량과 비계량지표를 담고 있다. 주요사업 계량실적이 저조하다는 것은 기관경영이 큰 위기상황을 맞이했을 가능성이 크다. 이러한 상황에서 전략변화, 리더십, 노사상생을 통한 협력적 위기극복 노력, 고유사업을 활용한 사회문제 해결 등의 어려움 극복성과를 베스트프랙티스와 연계하여 경영관리 비계량 고득점을 노려본다. 또한 공공기관의 사회적 가치와 연계된 일자리 및 균등한 기회, 상생협력 및 지역발전, 효율성관리, 재무예산성과 등의 경영관리 계량지표 실적에서도 최고점수가 확보되도록 노력하여 평가지표 등급 유지에 일조하도록 해야 한다.

둘째, 예상치 못한 상황에서 나타난 주요사업 계량실적에 대해 공식적으로 보정신청을 한다. 2021년도 경영평가에서 코로나19로 인해 공공기관 경영실적이 영향 받은 점이 고려되어 합리적인 보정이 이루어진 사례가 있다. 코로나19로 인한 휴업을 고려한 실적산출, 사업이 중단됐다면 해당사업 제외, 고용 불가능한 공기업에 대해서는 산업군별 비교 등 명확한 근거가 있는 경우에 평가점수 보정이 수용된다. 2021년도 경영평가에서 공기업Ⅱ유형 26기관 중 11기관인 42%가 주요사업 계량실적에서 코로나19 영향에 대해 보정 받은 바 있다.

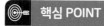 

▶ **C등급 → A등급기관과, C등급 → E등급기관 차이는?**

- 甲〈C→A〉: 주요사업 계량 양호상황에서 경영관리 비계량 향상, A등급 획득
  - 주요사업 계량상승(18.6→21.0)시기에 경영관리 비계량(20.4→22.4) 동반상승
- 乙〈C→E〉: 경영관리 계량 부진상황에서 비계량 실적 함께 하락, E등급 저조
  - 경영관리 계량 하락(13.6→12.5)시기에 경영/사업 비계량(19.4→17.7/13.5→12.4)이 동반하락, 위기극복 실패

▶ **평가공동체, 계량이 저조하다고? 비계량으로 극복하자!**

- 丙기관: 계량 실적 위기상황, 비계량 실적 향상으로 극복
  - 주요사업 계량 하락(98.6→86.6)시기, 비계량 실적(60.0→65.2)을 상승시킴으로써 B등급 유지, 등급하락 위기극복과 차년도 계량 실적 재상승
- 丁기관: 계량 실적 양호상황, 비계량 실적 향상으로 A등급 획득
  - 주요사업 계량 상승(82.2→97.5)시기, 비계량(평균62.3→69.0)향상으로 A등급 획득, 등급상승 기회에서 전략적 비계량 지표관리로 최고등급 획득
- 戊기관: 계량 실적 위기상황에 비계량 실적 정체로 위기극복 실패
  - 주요사업 계량 하락(85.1→77.5)시기, 비계량 실적(64.3)이 평균수준 머물러 C등급 득점, 계량 실적 위기에 비계량 상승 한계로 위기극복 실패

▶ **코로나19, 글로벌전쟁, 태풍… 사업실적이 엉망이네, 어떻게 하지?**

- 최악상황 극복을 위한 노력과 성과를 베스트프랙티스로 제시하여 경영관리와 주요사업 비계량 고득점 모색
- 예상치 못한 상황에서 나타나는 저조한 계량 실적에 대해 보정 신청

## 3 Moving-베스트프랙티스로 승부수를 던져라

### 어떤 것이 베스트프랙티스지?

우수한 경영실적보고서를 만들기 위해 모든 기관이 최선의 노력을 기울인다. 그렇게 노력을 다한 각 기관의 보고서가 어느 날 평가위원 책상 위에 함께 나란히 나열된다. 평가위원은 자신의 담당지표에 포스트잇을 붙이고 기관별 어떤 내용이 작성되었는지 유심히 살피기 시작한다. 짧은 시간에 개략적으로 살폈음에도 눈에 띄는 보고서, 평범한 보고서, 부족한 보고서가 자연스럽게 나뉜다. 여기서 눈에 띄는 보고서란 '이건 뭐지?' 하고 흥미와 호기심이 유발되는 보고서다. 기관이 만들어야 할 보고서에 대한 시사점을 얻을 수 있다.

기관이 좋은 평가를 받기 위해서는 눈에 띄는 보고서를 만들어야 한다. 평가위원도 좋은 등급으로 평가하는 데는 그에 상응하는 판단근거가 있어야 하기 때문이다. 그 근거가 되는 것이 베스트프랙티스다. 좋은 평가등급을 원한다면 베스트프랙티스를 제공해야 한다.

그렇다면 과연 베스트프랙티스가 무엇인지부터 살펴볼 필요가 있다. 어디서도 구체적인 정의를 들어본 적은 없다. 이론적으로 정립된 바는 없지만 누가 평가해도 좋은 등급으로 평가할 수밖에 없는 성과가 베스트프랙티스가 아닐까 생각한다. 이러한 베스트 프랙티스로 인정되기 위해서는 어떤 요건을 가져야 할까? 공공기관의 개선노력에 대한 정부평가라는 경영평가 본질을 생각한다면 다음 7가지 요건은 기본적으로 고려되는 것이 필요해 보인다.

- 정부가 중시하는 국정과제나 사회이슈 해결과 관련된 주제다.
- 공공기관 고유 목적사업을 수행하면서 만들어낸 성과다.
- 국민편익 또는 국가발전에 기여한 성과이다.
- 성과 의미가 글로벌, 국내, 공공기관, 동종업계 중 한 가지 영역에서 최고다.
- 성과 가치가 경제적, 사회적 가치를 동시에 충족한다.
- 외부 이해관계자와 소통하고 갈등을 극복한 어려운 노력 과정이 있다.
- 기관장 리더십 또는 노사상생의 협력 과정이 있다.

위의 7가지 요건을 종합해서 베스트프랙티스 개념을 정의해보면, 국가에서 기관에 위탁한 고유 목적사업을 수행하는 과정에 혁신적이고 창의적인 아이디어를 경영과 주요사업 개선에 적용하여 국민편익과 국가 경제발전에 기여한 성과이다. 그 성과의 의미는 글로벌, 국내, 공공기관, 동종업계 최고(또는 최초)수준이며, 경제적 가치와 사회적 가치를 충족하는 효과가 있어야 한다. 또한 추진과정에 나타나는 이해관계자와의 갈등 상황을 기관장을 비롯한 경영진의 주도적 역할과 소통노력, 그리고 노사 간 협력을 통해 극복해가는 모습이 담겨있어야 한다.

## 베스트프랙티스는 어떻게 만들지?

베스트프랙티스를 만드는 과정에 정답은 있을 수 없다. 각 기관들은 다양한 방식과 명칭을 가진 아이디어공모나 경진대회를 통해 베스트프랙티스를 만들고자 노력을 기울이고 있다. 중요한 것은 연말에 급하게 베스트프랙틱스 성과를 찾지 말고 연중에 우수한 아이디어를 발굴하여 계획적이고 체계적인 노력을 통해 베스트프랙티스를 만들어야 한다는 것이다. 특히 다음 사항을 고려하여 진행한다면 보다 우수한 베스트프랙티스를 만드는 데 도움 될 것이다.

### ① 선제적으로 기획하라

매년 6월 20일 즈음이 되면 기관별 희비가 엇갈린다. 전년도 평가결과가 발표되기 때문이다. 기대이상의 성과에 기뻐하는 기관과 실망스러움에 고개를 숙이는 기관이 있다. 상대평가 특성을 지닌 경영평가를 받아야만 하는 공공기관의 숙명이다. 그렇다면 이러한 희비의 차이는 어디서 오는 걸까? 이유를 대라면 수백 가지를 댈 수 있지만 가장 큰 이유 중 하나는 차별화된 베스트프랙티스 여부다. 우수등급기관의 특징은 베스트프랙티스를 선제적으로 기획하여 제시하는 반면, 부진기관은 연말에 집계된 눈에 띄는 성과를 제시하는 경우가 많다. 하지만 평가위원은 바보가 아니다. 평가과정에서 사전 기획을 통해 체계적 추진과정을 거친 우수성과는 그렇지 않은 성과와 바로 차별화된다.

베스트프랙티스 아이디어 발굴은 7월 정도가 적당하다. 연초부터 진행되던 좋은 아이디어를 포함해 종합이벤트를 이즈음 진행한다는 의미다. 물론 빠를수록 좋겠지만 6월까지는 전년평가에 대한 기대와 그동안 평가대응으로 누적된 피로감에 집중력이 떨어진 상태다. 새로운 아이디어 도출이 쉽지 않을 수 있기 때문이다. 발굴방식은 전 직원 공모로 진행하기를 권장한다. 우수 아이디어는 기관의 고유사업에서 나오는 것이 바람직하며, 사업수행 직원들의 참신하고 기발한 아이디어가 필요하기 때문이다. 성과관리부서 역할은 전사가 공모를 관심주제로 대화가 이어지도록 공감대를 만드는 것이다. 이를 위해 파격적 보상 제시로 관심을 끌어낼 필요도 있다. 공모서식은 〈표4-9〉를 참조하기 바라며 발굴된 아이디어는 실행부서를 지정하여 이행토록 한다.

〈표4-9〉 베스트프랙티스 아이디어 공모서식

Best Practice 아이디어 공모

| 아이디어 주제 | |
|---|---|
| Best Practice 사유 | 국정과제, 사회적 이슈, 전략과제 연관성 기술 |
| 아이디어 내용 | 개요, 개선목표, 개선대상, 개선내용, 개선효과 등 |
| 세부실행계획 | 추진내용과 일정 |
| 실행부서 | |
| 성과지표 | 아이디어 이행 성과를 측정할 수 있는 성과지표 |
| 차별화포인트 | 타 기관, 경쟁사, 글로벌 대비 차별성 |
| 기대효과 | 실행 전, 후 예상 기대효과 |

## ② 베스트프랙티스 아이디어 성과를 점검하라

7월에 발굴한 베스트프랙티스 아이디어에 대해 연말에는 그 성과를 점검할 필요가 있다. 아이디어별 추진결과에 대한 시상과 함께 성과보고회 또는 발표대회를 개최할 수 있다. 수상작품의 개선성과를 세부적으로 검토하여 베스트프랙티스 요건에 해당하는지 확인한다. 우수한 개선성과에 대해서는 평가지표별 베스트프랙티스로 반영한다.

## ③ 평가지표별 3개씩, 그중에 BOB를 선정하라

12월 마지막 주가 되면 전사 베스트프랙티스 후보군을 대상으로 경영평가 대응 구성원이 참여하는 회의를 통해 그해 최고의 BOB(Best of Best Practice)를 선정할 수 있다. 앞에서 기획한 베스트프랙티스 아이디어 성과점검 결과를 포함하여 다음과 같은 절차를 통해 기관을 대표하는 BOB를 선정해나갈 수 있다.

**1단계** **평가지표별 베스트프랙티스 3개 선정**

기관이 베스트프랙티스를 확정하는 시기는 12월 마지막 주 정도가 적당하다. 보고서 초안을 통해 평가지표별 핵심성과 자료 확보가 가능한 시점이다. 기관 대표성과를 조기에 발굴하여 다양한 관점에서 성과의미를 확장하는 논의가 필요하기 때문이다. 이를 위해 보고서 초안에 제시된 핵심성과를 활용해 평가지표별 베스트프랙티스 도출을 진행한다. 평가지표 담당부서장이 중심이 되어 평가지표별 후보 3개를 선정한다.

### 2단계  평가지표별 대표 베스트프랙티스 선정

다음으로 평가지표 베스트프랙티스 1개를 선정하는 논의를 시작한다. 논의는 경영평가를 대응하는 평가지표 단위 회의체에서 진행한다. 경영평가 준비(보고서 작성, 현장실사 대응)를 위해 대부분 평가지표 단위로 처(실)장, 부서장, 실무자가 포함된 그룹회의체가 운영된다. 1단계에서 선정된 3개 중 평가지표를 대표하는 베스트프랙티스를 선정한다.

### 3단계  전사 대표 BOB 선정

마지막으로 그해 기관을 대표하는 BOB(Best of Best Practice)를 선정한다. 경영관리와 주요사업 범주별로 구분하여 BOB를 선정하는 것이 활용에 용이하다. 2단계에서 선정된 평가지표를 대표하는 베스트프랙티스가 BOB후보군이 된다. 평가대응조직 전 구성원이 참여하여 자율토론과 투표방식으로 BOB를 선정할 수 있다. 선정방식은 브레인스토밍, 브레인라이팅, 멀티보팅 등 기관 기업문화 특성에 맞춰 시행하면 된다. 다양한 구성원이 함께 BOB를 선정하는 과정에서 성과 의미를 폭넓게 탐색한다는 점이 중요하다. 성과의 강점과 약점을 다양한 시각에서 논의하고 토론하면서 집단지성이 발휘되어 베스트프랙티스에 새로운 가치를 부여할 수 있다. 성과가치와 의미를 확장시킨다는 측면에서 중요한 과정이다.

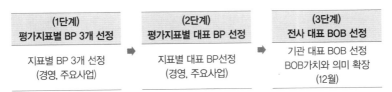

| (1단계)<br>평가지표별 BP 3개 선정 | (2단계)<br>평가지표별 대표 BP 선정 | (3단계)<br>전사 대표 BOB 선정 |
|---|---|---|
| 지표별 BP 3개 선정<br>(경영, 주요사업) | 지표별 대표 BP선정<br>(경영, 주요사업) | 기관 대표 BOB 선정<br>BOB가치와 의미 확장<br>(12월) |

〈그림4-2〉 BOB(기관 대표성과) 선정과정

## 어떻게 표현해야 눈여겨봐줄까?

베스트프랙티스를 보고서에 어떠한 형식과 내용으로 표현할지에 대해 평가편람이나 작성지침에 정해진 바는 없다. 기관마다 자율방식으로 표현하다 보니 차별화가 크게 나타나는 영역이기도 한다. 여러 기관의 경영실적보고서를 참조하여 시사점을 분석해보았다

표현방식은 지표범주(예:경영전략, 사회적책임) 또는 평가지표(예: 리더십, 윤리경영)를 기술하는 시작페이지에 베스트프랙티스 성과를 요약제시하고 해당페이지에 TAG로 표시하거나, 세부평가내용을 기술하는 페이지에 직접 베스트프랙틱스 TAG를 표시하기도 한다.

표현형태는 베스트프랙티스를 평가위원이 눈여겨보도록 전달

하기 위해 시각자료와 디자인 구성을 활용해 다양한 방법으로 차별화되게 표현하고자 노력하고 있었다.

다음에서는 기관이 제시한 베스트프랙티스를 평가위원이 흥미를 가질 수 있도록 시각적으로 눈에 띄게 하고, 효과적으로 내용이 전달되도록 표현하는 방식에 대해 몇 가지 방안을 제시한다.

① A Moving Story로 성과를 제시하라

스토리 만드는 방법에 대해 시나리오작가 로버트 맥기[23]는 "발표자는 숫자와 Fact만 줄줄 읊어서는 안 되고, 설득력 있는 Fact를 가지고 이야기를 만들어야 한다. 그래야 고객마음을 움직인다."고 했다. 박진영[24]도 "Story는 흥미롭거나 관심을 끌만하고 가치를 느끼게 하는 정보로서, 뭉클한 감동을 자아내는 흥미와 정보 그리고 감동이 담겨야 한다. 사람은 논리적인 것에 마음을 여는 것이 아니라, 진정성과 설득하려는 선한 느낌이 들 때 신뢰하기 때문이다."고 했다.

기관이 만드는 보고서는 경영성과라는 논리적이고 구체적인 Fact 정보를 제공한다. 평가위원의 마음을 열기 위해서는 흥미롭거나, 가치를 느낄 수 있는 정보, 그리고 뭉클한 감동이 더해지는

---

23) 로버트 맥기: 미국 시나리오작가, 대학교수
24) 박진영: 박진영의 말하기 특강

Story가 있어야 한다. 즉 효과적이고 과학적인 개선방법을 찾고, 문제해결을 위해 어떠한 노력을 기울였는지 감동적인 Story로 보여줘야 한다.

기관이 그동안 추진했던 사업의 추진배경과 과정, 성과를 기반으로 다음과 같은 흥미, 감동, 가치를 Story로 반영한 Moving-베스트프랙티스를 만들어서 제시해보자.

- 추진배경인 문제인식, 해결방안 고민과정에서 흥미와 관심을 유발하고
- 추진과정인 이해관계 충돌, 갈등, 소통의 극복과정에서 감동을 전달하며
- 추진성과인 국민편익, 행복, 안전 등에서 숫자 이상의 가치정보를 제공하자.

② 매스미디어, 시각자료도 함께 제공하라

Text 위주 실적보고서는 가독성이 떨어진다. 기관이 주장하는 성과에 대해 평가위원이 이해하는 데 많은 시간을 투자한다면, 평가위원의 관심과 흥미를 유발하는데 실패한 상황이다. 따라서 베스트프랙티스가 TV, 신문 등 매스미디어에 소개되었거나 시각자료가 있다면 적극 활용하여 표현할 필요가 있다. 다음에서 시각자료를 잘 활용한 보고서 사례를 제시한다.

〈그림4-3〉 매스미디어, 시각자료 활용 사례[25]

### ③ 과감하게 한 페이지를 할애하라

기관에서 이것만큼은 평가에 반드시 반영해 주었으면 하는 베스트프랙티스가 있다면 한 페이지를 과감히 할애하여 상세히 표현해도 좋다. 보고서 페이지는 200페이지 기준이며 이 중에서 한 페이지를 과감히 할당하는 것은 기관 입장에서 매우 중요한 의사

---

25) 해양환경공단 2019년도 경영실적보고서

결정일 것이다. 평가위원도 기관이 중요했기 때문에 한 페이지를 할애한 점을 충분히 인식할 것이다.

〈그림4-4〉 베스트프랙티스 한 페이지 활용 사례[26]

④ 평가자 눈높이에 맞는 용어로 표현하라

공공기관은 국가에서 위임한 기간사업, 기금관리, 위탁집행 등 기관의 설립목적을 달성하기 위한 고유 서비스사업을 수행한다. 주요사업에 사용하는 전문용어를 보고서에 그대로 사용하는 경우 평가위원이 이해하는 데 어려움이 있다. 일반인이 사용하는 용어로 변경해서 표현하거나 반드시 전문용어를 사용해야 한다면 주석으로 기재하여 설명해야 한다.

26) 한국부동산원 2020년도 경영실적보고서

▶ **어떤 것이 베스트프랙티스지?**

- 정부가 중시하는 국정과제나 사회이슈 해결과 관련된 주제다.
- 공공기관 고유 목적사업을 수행하면서 만들어낸 성과다.
- 국민편익 또는 국가발전에 기여한 성과다.
- 성과 의미가 글로벌, 국내, 공공기관, 동종업계 중 한 가지 영역에서 최고다.
- 성과 가치가 경제적, 사회적 가치를 동시에 충족한다.
- 외부 이해관계자와 소통하고 갈등을 극복한 어려운 노력과정이 있다.
- 기관장 리더십 또는 노사상생의 협력과정이 있다.

▶ **베스트프랙티스는 어떻게 만들지?**

- 선제적으로 기획하라.
- 베스트프랙티스 아이디어 성과를 점검하라.
- 평가지표별 3개씩, 그중에 BOB(Best of Best Practice)를 선정하라.

▶ **어떻게 표현해야 눈여겨봐줄까?**

- A Moving Story로 성과를 제시해라.
  • 추진배경인 문제인식, 해결방안 고민과정에서 흥미와 관심을 유발하고
  • 추진과정인 이해관계 충돌, 갈등, 소통의 극복과정에서 감동을 전달하며
  • 추진성과인 국민편익, 행복, 안전 등에서 숫자 이상의 가치정보를 제공하자.
- 매스미디어, 시각자료도 함께 제공하라.
- 과감하게 한 페이지를 할애하라.
- 평가자 눈높이에 맞는 용어로 표현하라.

182

## 4   지적사항 개선을 두 배 가치로 어필하라

### 지적사항은 꼭 개선해야만 하나?

경영평가 목적 중 하나는 공공기관 경영개선에 필요한 전문 컨설팅을 제공함으로써 대국민서비스를 개선하는 것이다. 정부는 공공기관이 경영평가에서 나타난 지적사항을 적극 개선하여 국민편익에 기여하기를 기대한다. 이를 위해 대학교수, 공인회계사, 공인노무사 등의 전문가로 평가위원을 구성하여 평가과정에서 경영개선을 권고하도록 한다. 또한 전년도 경영평가단 지적사항뿐만 아니라 최근에 진행된 국정감사, 감사원감사 등 외부기관 지적사항에 대한 개선여부도 경영평가에서 확인한다. 즉 경영평가는 공공기관 경영에 대한 종합평가이며 매년 평가하는 이유 중 하나다. 경영평가에서 외부지적사항 개선여부를 반드시 확인한다는 사실을 알았다면 보고서에 개선성과를 상세하게 그리고 의미있게 제시하기 바란다.

### 어떻게 개선하지? 솔루션은 여기에!

지적사항 개선은 차년도 경영평가 준비에 시작점이 된다. 성과관리부서는 먼저 기재부에서 통보된 경영평가보고서를 심도 있게 분석하여 지표별 지적사항을 정리한다. 이후 실행부서를 지정하여 지적사항에 대한 개선계획을 수립토록 한다. 계획수립은 평가보고서의 기관 통보 직후인 7월~8월이 적당하다. 계획수립시 평가보고서의 평가문구 의미를 하나하나 정확히 이해한 후에 수립해야 한다. 또한 개선조치 이행여부를 연말 이전에 점검함으로써 지적사항개선이 누락되지 않도록 관리한다.

그렇다면 지적사항 개선도 잘 되고 개선결과도 좋게 하는 효과적인 방법은 없을까? 다음 세 가지의 측면을 참조한다면 효과적인 개선결과를 얻는 데 도움이 될 것이다.

첫째, 지적의도를 정확히 파악하고 개선솔루션을 피드백 받자. 먼저 지표담당 평가위원을 직접 방문하여 개선의도를 확인하고 솔루션을 피드백 받자. 정확한 지적의도를 파악한다는 측면도 중요하지만, 개선솔루션에 대한 전문가 컨설팅을 받아 정확한 개선방향을 찾을 수 있는 점에서 중요하다.

둘째, 장애요인을 만났을 때 다시 평가위원에게 자문을 구하자. 지적사항에 대한 개선계획을 수립하여 진행하다 보면 생각지 못한 문제로 어려움을 겪을 수 있다. 이런 경우 평가위원에게 해결방안에 대한 자문을 구할 수 있다. 어려움을 극복하는 과정에서의 자문은 평가위원과의 지속적 소통을 가능하게 해주는 이점도 있다.

셋째, 개선효과를 다시 설명하여 평가위원이 보람을 느끼게 하자. 지적사항 개선이 완료되면 그동안의 진행경과와 개선성과를 정리하여 평가위원에게 다시 한번 설명드릴 수 있다. 자신의 지적내용이 공공기관 경영개선에 의미 있는 성과로 나타나는 것은 평가위원에게 가치와 보람을 느낄 수 있는 순간이다. 또한 최선을 다하는 기관모습에 우호적인 감정을 가질 수 있다. 소통방법은 반드시 대면접촉일 필요는 없으며 상황에 따라 e-메일 등 비대면소통도 좋다. 중요한 것은 평가위원과의 지속적인 소통 속에서 기관이 지적사항 솔루션을 찾아 우수한 개선성과를 만들어 내는 것이다.

지적사항 개선을 위한 서식은 구체적인 개선계획 및 일정과 그리고 기대하는 개선효과 등을 포함하여 〈표4-10〉과 같은 서식으로 진행할 수 있다.

**〈표4-10〉 전년도 지적사항 개선계획서(서식)**

**전년도 지적사항 개선계획서**

| 지표명 | 세부평가내용 | | 실행부서 |
|---|---|---|---|
|  |  |  |  |

| 지적사항 | 일정 | 개선계획(내용) | 개선효과<br>(차별화 포인트) |
|---|---|---|---|
|  | 월 |  | 大<br>中<br>小 |
|  | 월 |  |  |
|  | 월 |  |  |

＊개선효과: 大(우수성과로 제시 가능), 中(개선효과 보통수준), 小(지적사항 개선수준)

## 지적사항 개선가치가 두 배가 된다고?

경영평가에서의 지적사항은 평가위원의 자부심이다. 각 분야의 최고전문가로서 평가위원이 가진 학식과 지식을 이용해 기관의 미래 발전에 도움이 되라는 진심어린 조언이기 때문이다. 이러한 지적사항 의미를 알고 있다면, 공공기관은 긍정시각에서 발전적인 방향으로 개선을 진행하는 것이 바람직하다. 또한 새로운 베스트프랙티스를 만들어내고자 고민하는 기관입장에서 자연스럽게 우수한 아이디어가 발굴되는 또 하나의 통로가 된다.

전년도 평가지적사항을 개선하여 금년도를 대표하는 베스트프랙티스를 만들어 낼 수 있다면 이는 기관에게 두 배 이상의 가치를 주는 의미 있는 성과가 된다. 정부가 경영평가를 운영하는 본질적인 목적달성에 해당하는 사례이기 때문이다. 즉 경영평가를 통해 공공기관이 국민편익에 기여하는 목적을 달성한 것이다.

이와 같이 평가 목적에 부합하는 개선성과는 평가위원에게 보다 각별한 관심을 받게 된다. 또한 기관에 대한 우호적 이미지나 긍정적 평가로 이어질 가능성도 높다. 기관이 주장하는 일반적인 개선성과보다 두 배 이상의 가치가 있다고 확언하는 이유이다. 반드시 외부지적사항에서 베스트프랙티스를 발굴하기 바란다.

▶ **지적사항은 꼭 개선해야만 하나?**
 – 경영평가 목적은 경영개선 컨설팅으로 공공기관 서비스를 개선하는 것이다.
 – 전문가로 구성된 평가위원은 평가과정에서 컨설팅과 경영개선을 권고한다.
 – 경영평가는 전년도 외부지적사항 개선여부를 반드시 확인한다.

▶ **어떻게 개선하지? 솔루션은 여기에!**
 – 지적의도를 정확히 파악하고 개선솔루션을 피드백 받자.
 – 장애요인을 만났을 때 다시 평가위원에게 자문을 구하자.
 – 개선효과를 다시 설명하여 평가위원이 보람을 느끼게 하자.

▶ **지적사항 개선가치가 두 배가 된다고?**
 – 지적사항은 평가위원 자부심이자, 기관 발전을 위하는 진심어린 조언이다.
 – 전년도 지적사항 개선과정에서 금년도 베스트프랙티스를 만들어라.
 – 전년도 평가지적사항을 개선하여 이룬 개선성과의 가치는 평가위원의 각별한 관심과 긍정적 평가로 이어져 두 배 이상의 가치가 있다.

## 평가과정은 어떻게 진행되지?

경영평가단이 매년 1~2월 사이에 구성되고 평가방법과 절차를 공유하는 평가위원 워크숍이 끝나면 본격적인 경영평가가 시작된다. 평가팀 내 평가방식도 평가자별로 평가지표나 역할을 분담하기도 하고, 평가팀이 함께 검토한 후 논의를 거쳐 평정하는 등 다양하게 진행한다. 매년 시행되는 평가과정의 세부일자는 다르지만 일반적인 일정은 다음과 같다.

---

- 2월 말~3월 초: 경영평가단 위촉 및 워크숍
- 3월 2~3주: 기관설명회
  기관 경영실적보고서 수령과 사전 서면평가①
  공기업, 준정부기관 주무부처 의견수렴
- 3월 중순~4월: 현장실사와 평가팀 중간평정②
- 4월 말~5월중순: 중간보고서 작성 및 평가단 중간평정회의③
- 5월 중순: 중간평가보고서 기관회람 및 이의제기 접수
- 5월 말~6월 초: 평가단 최종평정회의 및 최종보고서 작성, 평가소위④
- 6월 중순: 공운위 의결, 최종결과 발표⑤

---

(출처: 2017년도 공기업·준정부기관 경영실적평가결과 합동설명회(7.26.)

① 기관 경영실적보고서 수령과 사전 서면평가

매년 3월 초 평가위원은 기관이 우편으로 송부한 경영실적보고서를 수령한다. 평가위원은 수령한 보고서 기반으로 비계량평가지표에 대해 세부검토를 진행한다.

이후 검토결과를 기반으로 '사전 서면평가 Worksheet'에 일차적인 서면평가를 시행한다. 사전 서면평가 Worksheet서식에는 아래와 같은 다양한 정보가 포함된다.

| 구분 | | 평가그룹, 기관명, 평가지표(주요사업)명, 가중치 등 기본사항 |
|---|---|---|
| 가점요인 | | 긍정적 평가사유 |
| 감점요인 | | 부정적 평가사유 |
| 현장실사 | 질문내용 | |
| | 요청자료 | |
| 잠정평가등급 | | A+, A0, B+, B0, C, D+, D0, E+, E0 / (전년도 평가등급    ) |

평가팀장은 평가위원이 작성한 '사전 서면평가 Worksheet'를 취합하여 현장실사에서 사용할 체크리스트(실사 시 평가위원 질문지)목록을 작성한다.

체크리스트는 실사 7영업일 전에 기관에 통보하며 다음과 같은 체크리스트 양식에 현장실사 질문내용이 포함된다.

| 지표명 | 현장실사 질문내용 〈예시〉 |
|---|---|
| 지표명<br>(사업명) | 〈질문내용〉<br>1. page 20: .......어떠한 상대적 우월성이 있다고 평가하는가?<br>2. page 30: .......불구하고 기관장 성과지표가 그대로 유지되는 이유는?<br><br>〈요청자료〉<br>1. page 20: .......사회가치 실현 전략 세부내용<br>2. page 30: .......경영계약 과제유지 근거자료 |

### ② 현장실사와 평가팀 중간평정

3월 중순에서 4월에 경영평가 현장실사가 진행된다. 평가팀 단위로 진행되며 사전에 제공된 체크리스트를 기반으로 기관의 경영실적보고서 개선실적을 확인하는 절차다. 평가위원과 기관이 대면(화상 포함)하여 개선성과를 설명하고 질의하는 과정이며 평가에서 가장 중요한 순간이다. 약 4시간 정도로 진행되는 현장실사는 질의응답을 통해 개선성과에 대한 사실 확인과 의문점을 해소하는 시간으로 진행된다.

현장실사가 종료되면 평가팀은 실사결과를 반영하여 팀평정 Worksheet를 작성한다. 팀평정 Worksheet는 실사 후 평가팀 내 평정결과를 정리하는 양식으로 중간보고서 작성에 중요한 기초자료로 활용된다. 최종 평정회의에서 기본 자료로 활용되는 팀평정 Worksheet에는 다음과 같은 내용이 포함된다.

| 구분 | 평가그룹, 기관명, 평가지표(주요사업)명, 가중치 등 기본사항 | | | |
|---|---|---|---|---|
| 평가등급 | 실사 전 (    ) | 실사 후 (    ) | 팀 평정 (    ) | 전년등급 (    ) |
| 평가팀 의견 | 가점 요인 | 1. ............일관성 강화<br>2. ............계획 적절<br>3. ............확대 노력<br>4. ............환류 적절 등 긍정적 평가사유 | | |
| | 감점 요인 | 1. ............리스크 고려 필요<br>2. ............대응방안 마련 필요<br>3. ............추정방식 문제<br>4. ............노력 필요 등 부정적 평가사유 | | |
| 종합 / 총평<br>(특이사항) | | | | |
| 평가팀 평정 | 전반적인 운영실적 수준 | | | |
| | 탁월(  ) / 우수(  ) / 보통(  ) / 미흡(  ) | | | |
| | 경영실적의 전년대비 개선도 | | | |
| | 탁월(  ) / 우수(  ) / 양호(  ) / 보통(  ) / 미흡(  ) / 부진(  ) | | | |

③ 중간보고서 작성 및 평가단 중간평정회의

중간단계는 평가팀 평정자료를 토대로 평가근거 30%와 평가사유 및 판단근거 70%를 구성하여 평가보고서를 작성한다. 평가편람의 세부평가내용 순서로 작성하며 전년도 지적사항 개선실적을 맨 첫 꼭지에 제시한다. 중간보고서를 작성할 때에는 평가내용을 강점과 약점으로 서술한다. 평가위원별로 작성하는 보고서가 전체적으로 균형감 있고 통일성과 일관성이 고려되도록 〈표3-2〉 평가보고서 등급별 강점과 약점 서술비율과 같은 기준이 적용된다.

중간보고서가 작성되면 경영평가단은 중간보고서와 팀평정 워크시트를 기준으로 평가팀 전원이 참석하는 중간 평정회의를 통해 평가과정을 점검한다.

④ 평가단 최종평정회의 및 최종보고서 작성, 평가소위

경영평가단 중간평정이 종료되면 중간보고서를 기관에 통보하여 수정의견을 수렴한다. 기관이 공식적인 절차로 이의신청 할수 있는 기회이다. 평가위원이 작성한 평가보고서 내용에 대해 오류나 다른 의견이 있는지를 기관에게 확인받는 절차다. 기관으로부터 받은 의견수렴 내용을 검토하여 평가보고서에 반영한 이후 경영평가단은 최종평정회의를 진행한다. 동시에 최종적인 평가보고서도 확정된다. 경영평가단은 완료된 최종보고서를 기재부 평가담당부서에 송부한다.

⑤ 공운위 의결, 최종결과 발표

기재부가 공운위 심의와 의결을 거쳐 그해의 경영평가 최종결과를 확정하고, 기자회견을 통해 최종 평가결과를 발표한다.

### 가장 임팩트 있게 기관 성과를 어필할 수 있는 시기는?

기관이 경영평가 준비를 위해 가장 많은 시간과 노력을 투입하는 시기는 경영실적보고서를 작성하는 12월에서 2월 사이다. 서면평가를 원칙으로 하는 경영평가에서 완성도 높은 보고서를 집필하는 것은 그만큼 중요성이 크기 때문이다.

하지만 기관의 경영성과를 가장 임팩트 있게 평가위원에게 어필할 수 있는 시기는 현장실사다. 기관과 평가위원 간의 진검승부가 이루어지는 현장이기도 하다. 평가위원은 보고서에 나타난 개선성과의 사실여부와 가치를 확인하다 보니 공격적이면서 비판적이고, 기관은 성과의미를 어필하는 자리다 보니 저돌적이면서도 수동적이다.

현장실사에서 상호이해가 충족되면 최고의 자리이지만 상호이해가 충돌되면 최악의 자리가 된다. 범주별 현장실사 4시간은 피평가자인 기관 입장에서 기관성과를 효과적으로 어필할 수 있는 단 한 번의 기회가 된다.

## 최종결과에 영향이 큰 시기는?

경영평가 전체 진행과정에서 가장 중요한 시점은 언제일까? 즉 최종평가 결과에 가장 크게 영향을 미치는 시기에 기관은 가장 효율적이고 임팩트 있는 노력을 기울여야 한다. 그 시기는 현장실사 후 평가위원이 평가결과를 확정할 때일 것이다.

현장실사가 이루어진 이후에 평가위원은 평가결과를 확정하는 절차를 진행한다. 기관에게는 사후관리 시기다. 이 시기에 평가위원은 현장실사에서 부족한 자료가 있거나 반드시 사실 확인이 필요한 사항에 대해 추가적인 자료제출을 요구한다. 현장실사에서 추가로 요구한 자료는 100% 최종 평가결과에 영향을 미친다고 보아야 한다. 현장실사는 사전에 진행된 서면평가 중에서 불확실한 내용을 최종 확인하는 자리이기 때문이다.

기관의 추가요구 자료에 대한 답변결과는 '사전 서면평가에서 정한 등급이 원안 확정되느냐, 아니면 수정되어 평가되느냐?'로 귀결된다. 기관의 적극적 대응이 필요한 이유이다.

평가위원 질문이나 요청자료 의도를 정확히 파악하여 논리적인 답변과 객관적 증거를 제시해야 한다. 미제출하거나 핵심을 벗어나는 장황한 자료는 기관의 전체 평가에도 부정적 영향을 미칠 수 있음을 명심하라.

 **핵심 POINT**  **5. 과정에 충실하고 사후관리에 집중하라**

▶ **평가과정은 어떻게 진행되지?**
  – 기관 경영실적보고서 수령과 사전 서면평가: 3월 2~3주
  – 현장실사와 평가팀 중간평정: 3월 중순~4월
  – 중간보고서 작성 및 평가단 중간평정회의: 4월 말~5월 중순
  – 평가단 최종평정회의 및 최종보고서 작성, 평가소위: 5월 말 ~6월 초
  – 공운위 의결, 최종결과 발표: 6월 중순

▶ **가장 임팩트 있게 기관성과를 어필할 수 있는 시기는?**
  – 평가위원에게 경영성과를 어필할 수 있는 시기는 현장실사다.
  – 평가위원은 사실여부와 성과가치를 확인하다 보니 공격적이면서 비판적이고, 기관은 성과의미를 어필하다 보니 저돌적이면서 수동적이다.
  – 이해가 충족되면 최고의 자리이지만, 이해가 충돌되면 최악의 자리가 된다.

▶ **최종결과에 영향이 큰 시기는?**
  – 평가결과에 가장 중요한 시기는 실사 후 평가를 확정하는 사후관리이다.
  – 사전 서면평가를 근거로 불확실 내용을 확인하였으므로 추가자료 답변 결과는 서면평가에 대한 원안확정 또는 수정평가로 귀결된다.
  – 추가요청 의도를 정확히 파악하여 논리적이고 객관적인 증거를 제시해야 한다.

## 6

**경영진 참여로 평가등급을 바꿔라**

### 경영평가에 경영진 리스크가 있다고?

기관장을 비롯한 경영진 역할은 기관의 경영평가 결과에 얼마나 영향을 미칠까?

경영진 역할에 대한 평가는 리더십평가지표를 통해 이루어진다. 리더십지표를 통한 직접적인 평가 외에도 경영진과 관련된 비위사건이나 노사분쟁, 사회적 물의를 일으키는 사건이 발생하면 여지없이 평가결과는 나쁘게 나온다. 경영평가에서 경영진이 차지하는 비중이 절대적이며, 특히 잘못된 리더십에 대해서는 기관평가에 큰 리스크로 다가온다.

최근 경영평가 결과를 분석하여 경영진 리스크를 확인해보았다. 기관 평가등급(상대평가 종합등급)과 경영진 역할 관련 평가지표 등급을 비교하는 방식으로 살펴보았다. 경영진역할에 영향 받는 평가지표는 정부정책을 이행하는 리더십, 노사관계, 가점지표 등이다.

2021년 기준으로 경영진 관련지표와 평가등급을 비교분석한 결과는 〈표4-11〉과 같다. 평가등급에서 C와 D등급을 받은 부진기관의 경영진 관련지표(리더십, 노사관계, 가점지표)가 모두 C와 D+인 반면, S와 A등급 기관의 경영진 관련지표는 B+, B0가 다수 포함되어 있다. 즉 경영진 관련 평가지표에서 부진기관의 종합 평가 등급이 좋지 않다는 결과로 보아 경영진 역할에 대한 리스크가 존재하고 있음을 확인할 수 있다. 다만 경영진 리더십이 중요한 코로나19가점에서는 그룹 간 등급 차이가 발견되지 않았다.

**〈표4-11〉 경영진 관련지표와 기관등급 비교**

| 기관등급<br>(상대평가 종합등급) | S | A | | | | C | | D | | |
|---|---|---|---|---|---|---|---|---|---|---|
| 리더십 지표 | C | C | B0 | B0 | C | C | C | C | C | C |
| 노사관계 지표 | B0 | C | B0 | B0 | C | C | C | D+ | C | D+ |
| 혁신성장 가점 | B0 | B+ | B0 | B0 | B0 | C | D+ | C | C | C |
| 코로나19 가점 | C | C | B0 | C | B0 | C | C | C | D+ | C |

(출처: 2021년도 공기업 II 경영평가결과)

## 경영진이 참여하니 처(실)장이 주도하네!

보고서 작성 과정에서 처(실)장 역할은 중요하다. 현장실사에 처(실)장이 직접 참석하여 답변하기 때문에 보고서 내용을 완전히 이해하고 있어야 한다. 이를 위해 보고서 작성 단계부터 함께 고민하며 만들어가는 것이 바람직하다. 하지만 처(실)장 입장에서 본연의 고유업무도 해야 해서 보고서에만 집중하기 어려운 것도 현실이다. 또한 처(실)장 개인성향에 따라 실무진이 먼저 작업한 결과를 가지고 의견만 제시하는 경우도 있다. 따라서 처(실)장이 주도적으로 보고서 작업에 참여하길 원한다면 경영진이 동참하는 모습도 필요하다.

경영진 참여방식은 보고서 작성 과정에 경영진보고회를 수차례 갖는 것이다. 경영진이 직접 보고받는 자리인 만큼 처(실)장은 보고자 입장이 되기 때문에 주도적으로 참여할 수밖에 없다. 보고자는 정확한 내용파악과 이해는 기본이며, 다른 평가지표 담당 처(실)장과 상대비교가 되기 때문에 신경을 쓸 수밖에 없는 상황이 된다.

경영진보고회는 보고서 만드는 과정에서 2~3회 정도 진행할 것을 권장한다. 보고시점은 12월 초안보고서, 1월 중간보고서와 2월 최종보고서 단계 등 3회를 기본으로, 기관의 보고서 진척상황을 고려해 조정하면 된다. 보고방식은 당연히 대면방식이 좋다. 경영진과 처(실)장이 대면한 자리에서 자유로운 토론과 의견개진을 통해 보고서 완성도를 높일 수 있기 때문이다. 보고방식은 2~3개의 평가지표별 베스트프랙티스 위주로 보고한다. 경영진 보고인 만큼 핵심만 다룸으로써 시간 대비 효율성을 가지기 위함이다.

경영진보고회는 경영진이 가진 큰 시각에서 기관의 대표성과에 대한 의미와 가치를 재정립하는 기회가 된다. 또한 보고서 작성 단계부터 처(실)장의 적극적인 참여를 유도하여 개선성과에 대한 이해를 높일 수 있다. 이를 통해 향후 진행될 현장실사에서 처(실)장이 평가위원질문에 자신 있게 답변할 수 있는 사전준비가 되는 점에서 삼중효과가 있다.

## 정부정책지표의 경영진 역할은 평가등급도 바꾸네!

지난 2017년도에 문재인 정부가 들어서면서부터 경영평가에서 공기업(19→30점)과 준정부기관(20→28점)의 안전, 일자리창출, 윤리경영 등 사회가치평가지표의 가중치가 대폭 확대되었다. 이처럼 정부가 추진하는 정부정책과 관련된 평가지표가 새롭게 신설되면 이에 대한 경영진의 역할이 경영평가에 어떻게 영향을 미치는지 분석해보았다.

2019년도 공공기관 경영평가결과에서 평가지표의 변별계수 분석결과를 〈표4-12〉로 정리하였다. 변별계수가 윤리경영(0.243) 〉 안전환경(0.175) 〉 상생협력지역발전(0.146) 〉 리더십(0.135)순으로 나타났다. 득점률표준편차에서는 윤리경영(13.055) 〉 안전환경(11.210) 〉 상생협력지역발전(9.936) 〉 리더십(9.508) 순이었다.

변별계수와 득점률 표준편차에서 상위그룹에 속하는 3개 평가지표는 문재인 정부가 가장 중요하게 다룬 정부정책의 최고 이슈였다. 그러다 보니 상위 3개의 평가지표는 모두 경영진 역할이 중요하게 영향을 미쳤다는 점과 평가결과에서 기관 간 편차가 크게 나타나는 특징을 보였다. 특히 리더십지표는 큰 표준편차와 변별력을 가지고 있어 평가결과에 중요한 영향을 미치고 있음을 확인할 수 있다. 정부정책 관련 평가지표에서 경영진역할 여부가 기관 간 점수 차이와 최종 평가결과에 크게 영향을 미친다는 시사점을 얻을 수 있다.

<표4-12> 경영관리 비계량지표 변별계수 분석결과

| 구분 | 평균 득점률(A) | 득점률 표준편차(B) | 변별계수 (B/A) | 최고치 | 최저치 |
|---|---|---|---|---|---|
| 전략기획 | 67.984 | 9.386 | 0.138 | 90.000 | 40.000 |
| 경영개선 | 66.512 | 8.984 | 0.135 | 90.000 | 40.000 |
| 리더십 | 70.465 | 9.508 | 0.135 | 90.000 | 30.000 |
| 일자리 창출 | 68.837 | 9.154 | 0.133 | 90.000 | 40.000 |
| 균등한 기회와 사회통합 | 66.279 | 9.106 | 0.137 | 80.000 | 40.000 |
| 안전 및 환경 | 63.953 | 11.210 | 0.175 | 90.000 | 20.000 |
| 상생·협력 및 지역발전 | 67.840 | 9.936 | 0.146 | 90.000 | 40.000 |
| 윤리경영 | 53.721 | 13.055 | 0.243 | 80.000 | 20.000 |
| 조직·인사 일반 | 65.581 | 8.652 | 0.132 | 90.000 | 40.000 |
| 재무예산관리 | 68.113 | 8.783 | 0.129 | 90.000 | 50.000 |
| 기금운용관리 및 성과 | 74.739 | 7.100 | 0.095 | 88.720 | 68.760 |
| 보수 및 복리후생 | 65.581 | 8.652 | 0.132 | 90.000 | 40.000 |
| 노사관계 | 66.899 | 9.503 | 0.142 | 90.000 | 40.000 |
| 혁신노력 및 성과 | 67.209 | 9.268 | 0.138 | 90.000 | 40.000 |
| 국민소통 | 87.029 | 7.778 | 0.089 | 100.000 | 41.700 |

(출처: 2019년도 129개 공기업/준정부기관 평가결과 분석, 노동연구원)[27]

27) 경영평가제도 쟁점 및 개선방안(한국노동연구원, '21.9.)

▶ **경영평가에 경영진 리스크가 있다고?**

– 리더십지표 외에 경영진 관련 비위사건, 노사분쟁, 사회적 물의 사건이 발생한 경우 기관 경영평가는 나쁜 결과로 귀결된다.

– 2021년도 기준 C, D등급기관의 리더십 관련지표가 대부분 C와 D+인 반면, S, A 등급기관은 B+, B0로 경영진 역할에 대한 리스크가 존재하고 있다.

▶ **경영진이 참여하니 처(실)장이 주도하네!**

– 현장실사에 처(실)장이 직접 답변하므로 보고서 작성부터 함께 고민하며 만들어 가는 것이 바람직하다.

– 경영진보고회를 개최하면 처(실)장이 보고자 입장이 되어 주도적으로 참여한다.

  • 보고시점은 12월 초안, 중간, 최종보고 등 3회를 기본으로 하며, 진척 상황을 고려하여 조정 시행한다.

  • 보고방식은 자유로운 토론과 의견개진이 가능한 대면방식이 좋다.

  • 보고는 평가지표별 2~3개의 베스트프랙티스 위주로 보고한다.

– 경영진보고회는 경영진 시각으로 대표성과의 의미와 가치를 재정립하고, 처(실)장 참여와 현장실사 답변준비가 된다는 점에서 삼중효과가 있다.

▶ **정부정책지표의 경영진 역할은 평가등급도 바꾸네!**

– 변별계수와 표준편차 상위 3개지표(정부정책 관련 윤리경영, 안전환경, 상생협력 지역발전)는 경영진 역할 여부에 크게 영향 받는 공통점이 있다.

– 정부정책 관련지표에서 경영진 역할에 따라 기관 간 득점률 표준편차가 크고 최종평가 결과에도 영향을 미친다.

## 7

## 평가트렌드에 맞는 성과를 만들어라

### 시기별 평가편람 개정내용을 확인하라

경영평가는 매년 시행되므로 기관입장에서 연례행사가 된다. 평가준비를 시작하며 전년도 보고서를 기준으로 개정된 편람내용을 반영하여 대응하면 된다고 생각할 수 있다. 그러한 기관은 절대 좋은 평가를 받기 쉽지 않다. 매년 12월에 통보되는 평가편람 개정을 철저히 분석하여 그에 맞는 전략과 실행계획을 수립하지 않았기 때문이다. 특히 10월의 평가편람 개정은 정부입장에서 중요성이 큰 사안일 가능성이 높다.

기관은 개정배경을 파악하여 키워드에 대한 핵심성과를 반드시 보고서 실적으로 반영해야 한다.

### 평가트렌드 흐름을 학습하여 반영하라

공공기관 경영평가는 정부 국정철학과 사회적이슈를 반영해 진행하며 국민 눈높이에 맞는 평가결과를 지향한다. 평가결과에 중요하게 영향을 미치는 요인은 당연히 정부정책과 사회적 이슈를 해결한 성과일 것이다. 따라서 변화되는 평가편람의 핵심 키워드를 학습하고, 기관이 수행하는 고유사업을 활용해 키워드를 뒷받침할 수 있는 실적을 발굴해야 한다. 그동안의 경영평가 트렌드 흐름을 파악해보기 위해 최근 5년 동안의 경영평가 특징을 분석하여 〈표4-13〉에 정리하였다.

2017년도 경영평가는 일자리창출, 채용비리근절 등 공공기관의 사회적책임 이행여부를 평가에 적극 반영하였다. 무엇보다 가장 큰 변화는 공공기관의 유형과 특성을 고려한 맞춤형 평가를 위해 공기업과 준정부기관 평가단을 분리한 것과 기관 간 과열경쟁을 지양하기 위해 절대평가를 도입한 것이다.

2018년도는 문재인정부가 추구하는 국정운영 철학인 사회적 가치, 공공성 중심으로 경영평가를 전면 개편하여 실시한 첫 번째 평가다. 안전, 윤리, 일자리, 상생협력 등 사회적 가치 배점을 종전보다 50% 이상 대폭 확대하였고, 혁신성도 비중 있게 평가하였다. 경영평가 트렌드가 사회적 가치 키워드로 크게 변화되는 변곡점이 되었다.

2019년도에는 발전소 하청업체 근로자 사망사건과 이천물류센터 화재사고, 공공기관 고객만족도 조작사건이 사회적이슈로 떠올랐다. 이에 따라 안전과 윤리가 경영평가의 핵심키워드가 되었다. 이 해는 안전관리, 중대재해귀책, 고객만족도 조작과 채용비리 등의 안전관리와 윤리경영이 경영평가에서 가장 큰 영향을 미치게 된다.

2020년도 평가는 2018년도 이후 강화된 사회적 가치 중심 평가기조가 유지되는 가운데 윤리경영, 코로나19 대응노력과 성과의 가점부여가 큰 변화로 나타났다. 특히 21년 3월 초 공공기관 부동산투기 의혹이 폭로되면서 사회적분위기를 반영한 경영평가 정책은 윤리경영을 엄정하게 평가하는 쪽으로 급선회하였다. 이에 따라 공공기관의 위법·부당행위, 권익위 청렴도 및 부패방지 시책평가결과, 감사원지적 등이 윤리경영지표를 통해 과거보다 엄정하게 평가되었다. 또한 코로나19 위기극복을 위한 공공기관의 정책적 대응, 한국판 뉴딜, 직무급 도입 등도 비중 있게 다루어지는 키워드였다.

2021년도 경영평가는 기본적으로 종전의 평가체계가 유지되었다. 평가결과를 발표하는 2022년 6월 시점은 새롭게 출범한 윤석열 정부에서였다. 전년도와 동일하게 사회적 가치에 큰 비중을 두고 공공기관 부동산투기 비위행위를 계기로 윤리경영을 강화해서 평가하였으며, 코로나19 위기극복을 위한 공공기관의 대응노력과 성과가 계속해서 비중 있게 다루어졌다.

2022년도 경영평가는 새롭게 출범한 신정부 국정철학과 국제경제 환경의 급격한 변화로 인한 공공기관의 경영여건 변화를 종합적으로 감안하여 경영평가제도가 전면적으로 개편되었다. 2022년 10월 평가편람 수정에서 재무성과평가를 대폭 강화한 것이다. 공기업 기준으로 '재무성과 관리' 항목배점을 20(종전10)으로 확대하는 한편, 기존 사회가치구현항목에서 상당 수준 정책목표가 달성된 지표 중심으로 배점을 조정하여 15(종전20)로 축소하였다.

이와 같이 경영평가 트렌드는 매년 변화하고 있으며, 특히 국제경제 상황과 정치 격변기에 더 큰 변화가 나타나므로 기관은 이러한 변화의 흐름을 충실히 학습해서 대응해야 한다.

### 〈표4-13〉 연도별 경영평가 특징

| 구분 | 평가특징 | 비고 |
|------|---------|------|
| 2021 | 〈20년 12월에 확정된 2021년도 평가편람 토대로 종전평가 유지〉<br>– 사회적가치 지표(100점 중 25점) 큰 비중 평가<br>– 21년 LH비위행위 계기로 윤리경영지표 비중(3→5점) 강화<br>– 직무중심보수체계 점검, 공공기관혁신지침규정 복리후생제도 운영<br>〈코로나19 위기극복〉 공공기관의 정책적 대응노력과 성과 평가 | 윤석열정부<br>첫해 평가 |
| 2020 | 〈사회적가치 중심 평가기조 유지〉 LH비위행위 계기로 윤리경영 엄정평가<br>〈코로나19 위기극복〉 공공기관 정책적 대응노력 성과 가점부여 반영<br>〈한국판뉴딜〉 프로젝트 추진 노력과 성과<br>〈직무급도입〉 공정보수결정 직무급도입 노력과 수준평가 | |
| 2019 | 〈사회적가치〉 사회적가치 평가 기조(안전2 → 6점, 중대재해0점, CS조작,<br>채용비리엄정평가)<br>〈혁신성장·경제〉 혁신성장(4차산업혁명 대응, 혁신조달 등) 및 경제활성화<br>〈주요사업성과〉 주거복지, 건강보험, 중소벤처기업 지원 등 국민체감 성과<br>평가 | |
| 2018 | 〈사회적가치〉 안전, 일자리창출 등 사회적가치 확대<br>(공기업19→30점, 준정부20→28점)<br>〈혁신·혁신성장〉 혁신노력 평가, 혁신성장기여 가점<br>〈주요사업성과〉 주거복지, 건강보험, 에너지전환정책 이행 및 공공성 평가<br>〈국민참여〉 국민참관단 | 문재인정부<br>국정운영<br>철학반영<br>첫해 평가 |
| 2017 | 〈사회적가치〉 일자리창출, 채용비리 근절 등 공공기관 사회적책임 평가<br>(좋은일자리지표 10점 가점, 채용비리 연루기관 감점)<br>〈맞춤형평가〉 상대평가/절대평가 병행, 평가단분리(공기업/준정부기관)<br>〈참여개방형〉 이공계전문가 확대, 공운위 內 평가소위 재심, 대학생참관단 | |

## 핵심키워드를 찾아 고유사업에서 집중 공략하라

연도별 평가편람이 개정되면 기관이 작성하는 실적보고서는 수정된 배경과 개정내용에 따라 달라져야 한다. 특히 정권교체 시기마다 새로운 국정과제가 만들어지면 평가편람 개정을 통해 정부정책에 부합하는 공공기관 역할을 요구하게 된다. 따라서 기관은 그해의 경영평가 이슈에 대한 핵심키워드를 파악하여 대응하는 것은 중요하다. 정부정책에 대한 키워드를 파악해 기관 고유사업에서 뒷받침할 수 있는 영역을 찾아내어 집중공략할 필요가 있다. 기관이 수행하는 주요사업에서 핵심키워드와 관련된 창의적인 사업성과를 창출함으로써 정부정책을 선도해가는 기관의 이미지를 만들 수 있다. 이를 통해 기관은 경영평가에서 과거보다 한 단계 상승할 수 있는 기회를 가질 수도 있다.

▶ **시기별 평가편람 개정내용을 확인하라**
　– 평가편람은 매년 12월에 개정되어 기관에 통보된다.
　– 10월에는 사회적 변화를 반영하여 다시 한번 수정된다.
　– 개정된 배경과 핵심키워드를 보고서 실적에 반드시 반영해야 한다.

▶ **평가트렌드 흐름을 학습하여 반영하라**
　– 2017년도 사회적책임 이행여부 평가반영, 평가단 분리운영, 절대평가 도입
　– 2018년도 안전, 윤리, 일자리, 상생협력 등 사회적 가치 배점확대, 혁신성 평가
　– 2019년도 안전관리, 중대재해귀책, 채용비리 등 윤리경영 평가 강화
　– 2020년도 윤리경영, 코로나19 위기극복 대응노력과 성과 가점부여
　– 2021년도 사회적 가치에 큰 비중, 윤리경영 강화 평가
　– 2022년도 재무성과 지표 대폭 강화, 목적을 달성한 사회가치구현지표 축소

▶ **핵심키워드를 찾아 고유사업에서 집중 공략하라**
　– 편람이 개정되면 핵심내용에 따라 보고서 실적내용이 달라져야한다.
　– 정부정책에 대한 핵심키워드를 파악하여 기관 주요사업에서 뒷받침할 부분을 발굴하여 집중 공략해야 한다.
　– 핵심키워드 관련 성과창출은 한 단계 상승할 수 있는 기회이다.

### 매년 반복되는 경영평가, 내년은 또 어떻게 준비하지?

6월 20일 즈음이 되면 전년도 경영평가 결과가 발표된다. 발표가 끝나자마자 도돌이표처럼 돌아오는 차년도 경영평가, 어디부터 또 어떻게 시작할지 성과관리부서는 고민스럽다.

경영평가를 준비하고 대응하는 방식은 기관마다 다르다. 40년 가까운 경영평가 역사에서 기관은 각자의 현장에서 체득한 독자적인 대응체계를 가지고 있다. 규모가 크고 오랫동안 평가를 수검한 기관일수록 효과적인 대응기법을 가졌으며, 보고서 완성도 또한 상대적으로 우수하다. 문제는 기관규모가 작으면서 평가경험도 오래되지 않은 기관이다. 이들 기관은 구성원의 경영평가에 대한 이해도와 보고서 집필능력도 미흡하다. 평가지표 특성상 여러 부서가 관련되면 서로 맡지 않으려는 신경전과 함께 협조도 어렵다. 이러한 상황이 매년 반복되다 보니 체계적으로 평가를 준비해야 하는 성과관리부서는 괴롭다. 효과적으로 평가를 준비해나갈 수 있는 방법은 없을까?

### 강력한 리더십이 첫 번째 열쇠!

평가준비에서 가장 중요한 것은 경영진의 강력한 리더십이다.

무엇보다 평가대응에 처(실)장이 최선을 다해 노력을 기울이도록 권한과 책임, 보상에 대한 메시지를 명확히 주어야 한다. 조직 간 원활한 협력을 위해 기관장과 부문을 맡고 있는 경영진의 관심과 지원은 필수적이다. 경영진이 기회 있을 때마다 경영평가의 중요성을 이야기하고, 성과에 대한 보상을 약속한다면 평가를 대응하는 기관의 분위기는 서서히 바뀔 것이다.

한편으로 경영진의 약속한 보상을 현실에서 어떻게 실현할지는 기관에게 큰 숙제가 된다. 경영진의 조직과 인사에 대한 평가권과 처(실)장이 가진 평가권을 활용해 해결을 시도할 수 있다. 기관마다 다양한 성과관리시스템을 가지고 있지만, 대부분 조직평가는 구성원의 성과급과 연계되며, 인사평가는 승진과 관련이 높은 경우가 많다. 경영평가 결과를 처(실)과 예하조직 그리고 인사평가와 연계함으로써 경영평가 준비에 필요한 우수인재 확보와 조직 간 협조를 활성화할 수 있다.

### 플랫폼으로 준비하며 노하우를 축적하라!

플랫폼은 "원래 기차나 전철에서 승객들이 타고 내리는 승강장을 말하는데 오늘날은 다양한 종류의 시스템이나 서비스를 제공하기 위해 공통적으로 반복해서 사용하는 기반모듈, 어떤 서비스를 가능하게 하는 토대이다. 제품·서비스·자산·기술·노하우 등 모든 형태가 가능하다[28]"고 정의한다.

이러한 플랫폼의 정의를 '① 공통적 ② 반복해서 사용하는 기반 ③ 서비스를 가능 ④ 기술과 노하우 등의 형태'로 다시 한번 분류해 경영평가 준비에 대응해 보았다.

① 공공기관 사업에 필수적인 경영관리와 주요사업이라는 '공통영역'을 가지고 있다.
② 공공기관은 매년 '반복'해서 경영평가를 받는다.
③ 경영성과를 계획하고 실행하는 '경영평가 기반 관리 서비스'가 가능하다.
④ 보고서 작성과 현장실사대응 스킬에 '기술과 노하우'가 포함된다.

플랫폼에 대한 정의에 기관의 경영평가 대응 과정이 개념적으로 적용할 수 있음을 확인할 수 있다.

그렇다면 경영평가 플랫폼은 무엇이며, 어떻게 만들 것인가?

먼저 경영평가 플랫폼은 차년도 경영평가를 준비하고 현장실사를 대응하는 데 필요한 모든 활동이 포함된 경영평가 대응 계획서다. 계획서를 통해 해를 거듭하면서 점진적으로 품질이 향상되는 경영실적보고서를 만들 수 있고, 평가대응 현장 스킬도 함께 향상시킬 수 있다. 따라서 매년 반복되는 평가대응을 '경영평

28) 한경 경제용어사전(2015.6.1.)

가대응계획서' 토대 안에 노하우로 담아 기관이 원하는 경영평가 목표 달성에 이용한다는 측면에서 '플랫폼' 역할을 하는 것이다.

경영평가 플랫폼은 성과관리부서가 주도하여 구축한다. 반복되는 보고서 작성과 실사대응 과정을 종합하여 경영평가 대응 계획서 형태로 구성한다. 대응계획서는 달성목표, 추진방향, 조직구성, 비계량지표관리, 계량지표관리, 현장실사와 사후관리, 기타 등 7가지로 범주화하여 구성할 수 있다. 다음은 경영평가 플랫폼을 만들어가는 순서이다.

---

- 경영평가를 위해 필요한 모든 구체적 활동단위를 정의한다.
- 활동단위별 세부활동을 계획한다.
- 활동단위별 일정을 계획한다.
- 활동단위를 5개유형(목표, 조직, 비계량지표관리, 계량지표관리, 현장실사와 사후관리)으로 분류한다.
- 유형별 계획서를 통합하여 종합대응계획서를 만든다.
- 종합대응계획서가 하나의 경영평가 플랫폼이 된다.

---

### 경영평가 플랫폼에 담아야 할 활동단위별 내용

▶ 달성목표: 금년도에 기관이 달성해야 할 목표 평가등급

    ex) 전년 평가결과 기준, 경영환경 양호로 계량실적 상승전망 "1~2단계 상승", 하락전망 "전년수준 유지"

▶ 추진방향: 목표달성을 위해 중점적으로 추진할 전략방향

    ex) 금년 경영평가 핵심이슈, 전략적 대응방향, 차별화된 베스트프랙티스 발굴방향 등

▶ 조직구성: 평가대응조직 구성

    ex) 대응조직 위상과 역할, 조직장 권한과 책임, 구성원 역할, 지표그룹장과 실무자구성

▶ 비계량지표 관리

    ex) 전년도 평가결과분석과 금년도 중점개선방향, 베스트프랙티스 아디이어 공모, 평가지표세

부추진계획수립(지적사항개선, 세부평가항목별추진계획, 일정 등), 베스트프랙티스 아이디어 발굴, 구성원대응역량강화방안, 워크숍계획, 경영진보고회, 전문가자문 등

▶ 계량지표관리

ex) 핵심이슈 분석, 계량지표 모니터링 계획, 컨틴전시 플랜, 계량실적 연말 결산

▶ 현장실사와 사후관리

ex) 기관설명회대응계획, 모의실사계획, 현장실사수검계획 등

▶ 기타

ex) 디자인차별화방안, 보고서페이지 조정, 실무자 자료공유방안, 우수성과 보상방안 등

　　활동단위별로 구체적인 계획이 작성되면 이를 통합하여 경영평가대응계획서를 완성한다. 완성된 계획서를 경영진에 보고함으로써 경영평가 중요성을 인식시키고, 대응조직구성원이 함께 공유한다. 대응계획서를 기준으로 아래 〈표4-14〉와 같은 세부적인 일정표로 만들어 체계적으로 관리해 나간다.

### 〈표4-14〉 경영평가 대응 계획 세부일정표

**○○○○년도 경영평가 대응 세부 추진 일정표(예시)**

| 일정 | | 구분 | 주요활동 | 비고 |
|---|---|---|---|---|
| 00년 7월 | 7.10 | 비계량 실적관리 | • 전년 경영평가결과 분석과 중점개선방향 특강<br>　– 참석대상: 지표담당 처(실)장, 평가대응 구성원<br>　– 강사: 000 | |
| | 7.30 | 계량 실적관리 | • 금년도 계량지표관리 핵심이슈 분석보고<br>　– 참석대상: 계량지표 담당 처(실)장, 계량지표 구성원<br>　– 보고자: 000<br>• 상반기 계량지표 실적 분석 및 연말전망 보고 | |
| | 8.1 | 비계량 실적관리 | • 평가지표세부추진계획 수립 보고<br>　– 내용: 지적사항 개선계획, 세부평가항목별추진계획 등<br>　– 참석대상: 경영진, 지표그룹장, 보고서 작성자<br>　– 발표자: 지표그룹장 | |
| 01년 4월 | 4.10 | 실사대응 | • 모의실사, 참석대상 등 | |

계획서에는 기관이 매년 경영평가를 받기 위해 준비하고 대응하는 과정에서 성공과 시행착오를 거치면서 쌓아온 노하우를 모두 녹여 넣는다. 암묵적 노하우가 형식적 지식으로 전환되어 효과적인 경영평가 대응을 가능하게 해준다. 또한 반복하여 대응하는 과정에서 개선점을 찾아 지속적으로 업그레이드시켜 나간다면 훌륭한 플랫폼 역할을 할 것이다. 이렇게 완성한 경영평가 플랫폼은 기관 내에서 수시로 교체되는 실무자 리스크도 해결한다. 매년 평가대응 인력이 교체되더라고 플랫폼에서 누적된 노하우를 기반으로 필요한 지식과 스킬에 대한 학습이 진행됨으로써 구성원의 역량저하 문제를 해결할 수 있다.

기관을 둘러싼 경영환경은 매년 변화한다. 경영평가를 받아야 하는 기관에게 경영평가 플랫폼은 좋은 환경에서는 한 단계 상승할 수 있는 도전의 기회를, 상황이 나쁜 경우에는 등급하락을 막아주는 보호역할을 할 것이다. 이는 기관의 경영평가 대응 역량이 플랫폼에서 노하우로 축적되면서 지속적으로 업그레이드되기 때문에 가능하다.

▶ **매년 반복되는 경영평가, 내년은 또 어떻게 준비하지?**
- 전년도 평가결과가 발표되자마자, 다시 시작되는 내년도 경영평가 준비
- 규모가 크고 평가경험이 많은 기관은 체계적인 대응기법을 가졌지만
- 규모가 작고 평가경험이 오래되지 않은 기관은 걱정이 앞선다.

▶ **강력한 리더십이 첫 번째 열쇠!**
- 경영진이 처(실)장에게 평가대응 권한과 책임, 보상메시지를 명확히 준다.
- 경영진이 기회 있을 때마다 경영평가 중요성을 이야기하고 보상을 약속한다.
- 경영평가 결과와 경영진 평가권을 처(실), 예하조직 평가와도 연계한다.

▶ **플랫폼으로 준비하며 노하우를 축적하라!**
- 경영평가 대응과정은 '플랫폼' 정의에 해당된다.
  - 경영평가는 경영관리와 주요사업범주라는 공통영역을 가지고 있다.
  - 공공기관은 매년 반복해서 경영평가를 받는다.
  - 경영성과를 계획하고 실행하는 경영평가 기반 관리 서비스가 가능하다.
  - 보고서 작성과 현장실사 대응 스킬에 기술과 노하우가 포함된다.
- 경영평가 플랫폼은 차년도 평가대응활동이 포함된 경영평가 대응 계획서다.
- 경영평가 플랫폼 만들어가는 순서
  - 경영평가를 위해 필요한 구체적 활동단위를 정의한다.
  - 활동단위별 세부활동을 계획한다.
  - 활동단위별 일정을 계획한다.
  - 활동단위를 유형(목표, 조직, 비계량관리, 계량관리, 실사대응)별로 분류한다.
  - 유형별 계획서를 통합하여 종합대응계획서를 만든다.
  - 종합대응계획서가 하나의 경영평가 플랫폼이 된다.
- 경영평가 플랫폼은 좋은 환경에서는 한 단계 상승할 수 있는 도전의 기회를, 나쁜 상황에서는 등급이 하락하는 것을 막아주는 보호역할을 한다.
- 평가대응역량이 플랫폼에서 노하우로 축적되어 지속적으로 업그레이드된다.

## 9 구성원 역량과 자긍심을 높여라

### 보고서 잘 쓰려면 어떤 역량이 필요하지?

경영실적보고서를 잘 작성할 수 있는 직원의 자격요건은 무엇일까?

평가지표의 세부평가내용 요구사항을 명확히 이해하고 있는 관련 업무수행 직원이 최우선일 것이다. 또한 과거에 보고서 작성을 경험했었다면 한층 더 유리한 조건이다. 이러한 업무이해와 보고서 작성 경험은 보고서 작성에서 최소한의 기본역량이 될 것이다. 그렇다면 기본역량 외에 어떤 능력이 더 필요할까? 평가지표별로 할당된 보고서 페이지를 수개월 동안 반복수정하며 완성도를 높여갈 수 있는 성실성이 우선 필요할 것이다. 또한 보고서에 독창적인 아이디어를 담을 수 있는 창의성도 중요하며, 최고의 작품을 만들어 보겠다는 의지를 보이는 적극성도 필요하다. 즉 업무이해와 작성경험이라는 기본역량 외에 성실성, 창의성, 적극성 등의 부가적 역량을 가진 인재가 좋은 보고서를 만드는 데 필요하지 않을까 생각한다.

기관에서는 대부분 업무에서 중요역할을 하며 실무경험이 많은 과, 차장급 직원이 보고서 작성에 투입하는 것으로 알고 있다. 직급과 경험을 떠나 앞서 제시된 5가지의 역량 있는 인재를 선별하여 보고서 작업에 투입하는 것도 평가대응에서 중요한 과정이 된다.

### 어떻게 해야 보고서 작성 Skill이 UP되지?

기관에서 경영평가를 대응하는 인력은 계층도 다양하고 다수가 포함된다. 효과적인 평가대응을 위해서는 계층과 유형에 맞는 대응역량 향상 프로그램도 필요하다.

기관 내 대응인력은 경영진, 처(실)장, 평가지표담당부서장, 보고서 작성 및 계량관리 실무자로 구분할 수 있다. 경영진에게는 당해 연도 주요이슈, 정부정책과 평가동향 등의 정보가 제공되어야 한다. 처(실)장과 평가지표담당부서장은 세부평가내용을 정확히 이해하고 성과창출을 주도하는 데 도움 되는 리더교육이 필요

**〈표4-15〉 평가대응 역량강화 교육**

| 계층 | 형태 | 교육내용 | 시기 |
|------|------|----------|------|
| 경영진 | 특강 | • 금년도 경영평가 주요이슈 및 트렌드 변화<br>• 정부정책 및 경영평가 동향 | 7월 |
| 처(실)장, 부서장 | 특강, 위탁 | • 전년도 경영평가 결과 분석 및 개선방향<br>• 공공기관 경영혁신/공공 컨퍼런스 참여<br>• 경영평가 트렌드에 따른 평가지표별 성과관리 방안 | 7월<br>7~8월<br>8~10월 |
| 실무자 | 위탁, 내부강의 | • 전년도 경영평가 결과 분석 및 개선방향<br>• 공공기관 경영혁신/공공 컨퍼런스 참여<br>• 보고서 작성 이론과 실습<br>• 보고서 표현 기술 | 7월<br>7~8월<br>9월<br>10월 |

하다. 실무자는 보고서 작성 스킬과 지표관리 등의 세부적인 실무교육이 제공되어야 한다. 따라서 성과관리부서는 강사초빙, 전문기관 위탁 등을 활용하여 다양한 교육프로그램으로 역량 향상을 위한 노력을 기울여야 한다. 구성원 역량강화를 위한 교육내용과 시기를 정리하면 〈표4-15〉와 같다.

## 평가대응 구성원 자긍심을 높여주자

수개월 동안 개인별로 몇 페이지 보고서 작성을 위해 여러 사람의 의견과 지시를 받아가며 반복적으로 수정작업을 진행하는 것은 매우 힘든 작업이다. 이런 어려움을 알기에 한번 보고서를 작성해본 직원은 다시는 참여하지 않으려 한다. 힘들어도 계속해서 참여할 동기가 있어야 하나 현실적으로 그러한 보상을 주기 쉽지 않다. 보상은 정기포상의 범위 내에서 가능하며 금전보상도 공정한 인사정책으로 불가능하다. 능동적이고 적극적인 참여를 기대하지만 동기부여가 쉽지 않은 것이 기관의 현실이다. 이러한 보상한계의 틀 속에서 부족하지만 평가대응 구성원에게 제시할 수 있는 몇 가지 이점이 있다면 다음과 같다

첫째, 반복되는 트레이닝 과정에서 보고서 작성 스킬을 향상시킬 수 있다.

보고서 작성 과정에서 전문가에게 논리적인 전개방식과 표현기법에 대한 스킬을 습득할 수 있다. 보고서 작성에 대해 1:1 개

인트레이닝을 받을 수 있는 기회를 가질 수 있는 것이다. 또한 자문과정에서 핵심성과를 찾아내고 성과의 의미를 가치 있게 표현하는 고차원 기술도 배울 수 있다. 이러한 경험 속에서 배우게 되는 보고서 작성 스킬은 국내 어떠한 교육기관에서도 배울 수 없는 유일무이한 과정일 것이다.

둘째, 네트워크가 좋아지고 조직에서 능력자로 인정받는다.

보고서 만드는 과정은 매우 힘들고 어려운 과정이다. 혼자 하는 것이 아닌 지표그룹, 부서장, 처(실)장 등 여러 사람과 소통하며 작업하기 때문이다. 특히 보고서 작성자는 지표담당 처(실)장과 밀접한 보고체계를 갖추고 일을 진행한다. 처(실)장은 향후 현장실사에서 실적내용을 정확히 이해하고 답변해야 하기 때문이다. 처(실)장과 실무자가 밀접하게 소통하며 고군분투하는 집필과정에서 상호간 신뢰가 쌓인다. 또한 해당지표에 대한 평가결과 등급이 좋게 나오면 보고서 작성자는 능력을 인정받는 기회가 된다. 상사의 신뢰확보와 보고서 작성 능력자로의 인정은 고생에 대한 보람이 될 것이다.

셋째, 경영시각으로 안목이 높아져 창의적 인재로 성장해 갈 수 있다.

경영실적보고서는 한 해 동안 기관의 대표적인 개선성과를 담아낸 보고서다. 보고서에 담긴 성과는 공공기관 관점에서 작성되며 국가나 사회에 기여하는 의미를 제시한다. 이러한 보고서를 만들어가는 과정에서 실무자는 자연스럽게 기관이 수행하는 경영과 사업성과에 대한 가치를 이해하는 안목이 높아지게 된다. 실무자임에도 불구하고 높아진 안목을 활용해 기관 업무에서 국가와 사회에 기여하는 가치 있는 성과를 만들어 낼 수 있다. 이를 통해 창의적인 미래인재로 성장해 갈 수 있다.

## 파격적인 보상 방안도 고려하자

앞서 설명했듯이 기관을 대표해 경영평가를 잘 준비하고 대응하여 좋은 평가결과를 얻는다 해도 평가대응에 참여했던 구성원에게 특별한 보상을 주기는 쉽지 않다. 이유는 좋은 평가결과의 원인이 종합적인 경영성과가 탁월해서인지 구성원이 평가대응을 잘해서인지에 논란이 있을 수 있기 때문이다. 쉽게 결론 내기는 어려운 문제다.

따라서 기관별로 경영평가 결과에 대한 보상 방식과 내용도 다양한 상황이다. 기관의 기업문화와 지금까지의 보상 관행에 따라 많은 차이가 있다. 하지만 기관에서 경영평가에 대한 지속적인 관심과 동기유발을 원한다면 상식을 넘어서는 파격적인 보상도 고려할 필요가 있다.

다음은 일부 기관의 경영평가 결과에 대한 보상사례이다.

---

**〈보상사례〉**

A기관: 보고서 작성 실무자의 지표평가 등급과 부서평가 등급 중 상위등급 인정

B기관: 우수등급달성지표 보고서 작성 실무자 공로상

C기관: 실무자성과급 지급시 조직평가60%/개인업적40%(최소 A등급 보장)

D기관: 실무자 조직평가등급을 경영평가 최종등급 기준으로 상향조정

---

 **핵심 POINT** | **9. 구성원 역량과 자긍심을 높여라**

▶ **보고서 잘 쓰려면 어떤 역량이 필요하지?**

    – 업무이해와 보고서 작성 경험은 보고서 작성을 위한 최소한의 기본역량이다.

    – 반복되는 수정으로 완성도를 높여갈 성실성, 독창적 아이디어를 담아 낼 창의성, 최고 작품을 만들어 보겠다는 적극성이 부가적인 역량에 해당한다.

▶ **어떻게 해야 보고서 작성 Skill이 UP되지?**

    – 경영진은 그해의 평가주요이슈, 정부정책과 평가동향 등의 정보를 제공한다.

    – 지표담당 처(실)장과 부서장은 세평과 성과창출에 필요한 교육을 제공한다.

    – 실무자는 직접적인 보고서 작성에 필요한 스킬 업 교육을 제공한다.

▶ **평가대응 구성원 자긍심을 높여주자**

    – 반복되는 개인 트레이닝 과정에서 보고서 작성 스킬을 향상시킬 수 있다.

    – 네트워크가 좋아지고 조직에서 유능력자로 인정받는다.

    – 경영시각으로 안목이 높아져 창의적 인재로 성장해 갈 수 있다.

▶ **파격적인 보상 방안도 고려하자**

    – 평가결과 원인이 경영성과가 좋아서인지 구성원대응 때문인지 논란이 있다.

    – 경영평가에 대한 지속적인 관심과 동기유발을 위해서는 상식을 넘어서는 파격적인 보상도 고려할 필요가 있다.

인생을 살며 필자가 가장 중요시하는 키워드이자 평가업무 3년간 어려울 때 힘이 되어준 세 단어가 있다. Essence, Context, Growth로 ECG이다. 의학적으로 ECG는 심장의 전기적 활동을 증폭하여 기록한 그림의 심전도라 하지만, 나에게 ECG는 경영평가라는 무대에서 마음껏 뛰어놀 수 있었던 에너지였고 내 심장을 뛰게 한 원동력이었다.

Essence는 사전적 의미로 '본질'이다. 경영평가는 많은 이해관계자와 충돌하고 설득하며 함께 만들어가는 업무다. 또한 평가 결과에 대한 중압감으로 가급적 빨리 벗어나고 싶은 충동을 느끼는 자리이기도 하다. 많은 고민 속에 찾아낸 단어가 Essence다. 경영평가 결과는 기관 명예와 구성원 성과급이 연계된다. 좋은 결과를 만들어내는 것만이 중요했다. 과정과 방법은 스스로 만들어가야 했다. '우수한 평가결과' 이것이 성과관리부장 역할의 본질이었다. 행동대장이 되어 앞에서 진두지휘하고, 실무진이 평가준비와 대응에 최선을 다할 수 있도록 적시적지에 판을 깔고, 동기부여 되도록 지원했다. 본질에 충실한다는 생각만 가지고 3년 동안 성과관리부장 소임 달성을 위해 뛰었다.

Context는 '맥락, 전후사정'을 나타낸다. 어떠한 목표달성을 위해서는 상황에 따라 적절히 판단하고 필요한 역할을 해야 한다. 필요한 역할을 하기 위해서는 평가준비와 진행과정에서 맥락을 제대로 짚는 것이 무엇보다 중요하다. 자칫 맥락 없이 헛발질하면 경영평가와 관련된 여러 사람을 힘들게 만든다. 성과관리부장으로서 맥락을 알고 이에 맞는 역할로 경영평가를 리드하고자 최선을 다했다.

Growth는 '성장'이다. 성과관리부장은 시시때때로 많은 이해관계자와 부딪친다. 커다란 어려움에 맞닥뜨릴수록 여러 전문가를 만나 해결을 위한 조언을 듣다보니 많이 배우고 성장하는 기회가 됐다. 자칭 최고라고 생각하는 다수의 교수, 컨설턴트와 수없이 소통하며 배우고 실천해보는 경험을 쌓았다. 좋은 평가를 받기 위해 어떻게 해야 할지, 정답은 없지만 어렴풋한 노하우는 생긴 느낌이다.

필자는 이 책을 집필하며 다시 한번 ECG를 실천해보는 기회를 가졌다. 매년 평가를 받아야만 하는 공공기관의 숙명과 경영평가 본질에 대해 깊이 있게 성찰하는 기회를 가졌다. 대한민국에만 존재하는 제도일지 모르지만, 지난 40년간 경영평가는 공공기관 경영시스템을 글로벌 수준으로 향상시키는 데 기여하였고, 지금도 10대 경제대국 대한민국의 국민편익과 국가발전에 기여하는 제도로 운영되고 있는 Essence를 확인할 수 있었다.

또한 공공기관 평가업무 실무자가 경영평가를 준비할 때 이 책을 보고 Context을 짚어 나가는 데 도움이 되길 희망한다. 공운법에 따라 경영평가를 받는 350개 기관(22년 기준)과 넓게는 1천3백여 개의 공공업무 수행기관이 있다. 이들 평가업무 실무자들이 맥락에 맞는 역할을 수행해나가는 데 조그마한 도움이라도 되기를 바라는 마음이다.

마지막으로 이번 집필 과정을 통해 Growth한 느낌이다. 평소 생각만 있었던 나의 책을 현실에서 집필해 보았다. 또한 지금까지 접근되지 않았던 내부자 입장에서의 경영평가워크북 만들기를 처음으로 시도해보았다. 이 과정에서 나는 Growth했고 사고가 확장되는 기회가 되었다.

한 번도 책을 써본 적이 없던 필자가 용기 내어 책을 썼다. 특별히 글쓰기 교육을 받은 적도 없이 책쓰기 도서 몇 권을 읽고 시작했다. 내용이 많이 부족하다는 걸 알지만 추후에 미흡한 부분은 경영평가 환경변화를 반영하여 보완하고자 한다.

楚安 辛秀行